Washington Irving
Sleepy Hollow

Washington Irving
Sleepy Hollow

Unheimliche Geschichten

ANACONDA

Die Erzählungen dieses Bandes sind zuerst erschienen in:
The Sketch Book of Geoffrey Crayon, Gent. (New York 1819/20)
und *The Alhambra* (Philadelphia und London 1832), später *Tales of the Alhambra* (New York und London 1851). Textvorlage dieses Bandes sind die anonymen Übersetzungen der deutschen Erstausgaben:
Gottfried Crayon's Skizzenbuch (Frankfurt a. M. 1846) – »Sleepy Hollow«,
»Die Geisterbraut«, »Rip van Winkle«. *Die Alhambra, oder das neue Skizzenbuch* (Frankfurt a. M. 1832) – »Die Sage vom arabischen Astrologen«,
»Die Sage von den zwei verschwiegenen Statuen«, »Die Sage vom Vermächtnis des Mauren«. Die Texte wurden behutsam überarbeitet, Interpunktion und Orthografie wurden auf neue Rechtschreibung umgestellt.

Penguin Random House Verlagsgruppe FSC® N001967

Die Deutsche Nationalbibliothek verzeichnet
diese Publikation in der Deutschen Nationalbibliografie;
detaillierte bibliografische Daten sind im Internet unter
http://dnb.d-nb.de abrufbar.

© 2024 by Anaconda Verlag, einem Unternehmen
der Penguin Random House Verlagsgruppe GmbH,
Neumarkter Straße 28, 81673 München
Alle Rechte vorbehalten.
Umschlagmotiv: Adobe Stock/deendesign
Umschlaggestaltung: www.katjaholst.de
Satz und Layout: satz-bau Leingärtner, Nabburg
Druck und Bindung: GGP Media GmbH, Pößneck
Printed in Germany
ISBN 978-3-7306-1363-4
www.anacondaverlag.de

Inhalt

Sleepy Hollow *oder*
Die Legende von der Schlafhöhle

Mitten in einer der geräumigen Buchten, welche das östliche Ufer des Hudson auszacken, an der breiten Ausdehnung des Flusses, welche die alten holländischen Schiffer Tappan Zee nannten, und wo sie immer vorsichtig ihre Segel einzogen und den Schutz des heiligen Nikolas anriefen, wenn sie darüber fuhren, liegt ein kleiner Flecken oder Dorfhafen, der von einigen Greensburg genannt wird, eigentlich aber mehr unter dem Namen Tarry* Town bekannt ist. Er erhielt, wie man sagt, diesen Namen ehedem von den guten Hausfrauen der Umgegend wegen der bösen Gewohnheit ihrer Ehemänner, an Markttagen in den Dorfwirtshäusern herumzulungern. Nicht weit von diesem Dorf, ungefähr zwei Meilen entfernt, befindet sich ein kleines Tal oder besser gesagt ein Stückchen Land, inmitten hoher Hügel, vielleicht eines der ruhigsten Plätzchen der ganzen Welt. Durch dasselbe gleitet ein schmaler Bach, dessen murmelndes Geräusch zum Schlaf einlädt. Außerdem sind der Wachtelschlag oder das Klopfen eines Spechtes fast die einzigen Töne, welche die gleichförmige Ruhe unterbrechen.

* Von dem Wort tarry, d. h. verweilen, zaudern.

Ich erinnere mich, dass, als ich noch ein junges Bürschchen war, ich meinen ersten Versuch im Eichhorn-Schießen in einem Hain von starken Walnussbäumen machte, welche die eine Seite des Tals beschatteten. Ich war in der Mittagszeit dahin gekommen, wo die ganze Natur sich der tiefsten Ruhe überlässt, und erschrak über meinen Flintenschuss, der die Sabbatstille um mich her unterbrach und durch das Echo noch verstärkt wurde. Wenn ich mir je einen einsamen Ort wünschen sollte, um in der Entfernung von der Welt und ihren Zerstreuungen zu leben und die Erinnerungen an schlimme Tage hinwegzuträumen, so wüsste ich keinen besseren als dieses kleine Tal.

Von der einsamen Stille des Ortes und dem eigentümlichen Charakter seiner Bewohner, welche noch Abkömmlinge von den ursprünglichen holländischen Ansiedlern sind, ist dieses entlegene Tal lange unter dem Namen der Schlafhöhle bekannt, und die Bauernjungen heißen in der ganzen Gegend die Schlafhöhlenbuben. Eine träge, schläfrige Macht scheint über dem Land zu ruhen und die ganze Atmosphäre zu durchdringen. Einige halten dafür, dass die Gegend in der ersten Zeit der Ansiedlung durch einen mächtigen deutschen Doktor behext worden sei; andere, dass ein alter indischer Häuptling, ein Prophet oder Zauberer seines Stammes, hier seine Zauberkünste trieb, bevor noch das Land von Hendrick Hudson entdeckt worden war. Sicher ist, dass der Ort noch immer unter einer Art von Zaubermacht steht, welche die Gemüter des guten Volkes gefangen hält und die Ursache ist, weshalb sie in einem steten Traumzustand herumwandeln. Sie überlassen sich allen Arten von Wunderglauben, sind Verzückungen und Visionen unterworfen, haben häufig seltsame Erscheinungen und hören Musik und Stimmen in der Lust. Die ganze benachbarte Gegend ist voll von Lokalereignissen, von Orten, die nicht geheuer sind, und anderen abergläubischen Geschichten. Sternschnuppen und Meteore schießen öfter über das Tal als über einen anderen Teil des Landes, und der Alp scheint sich dasselbe zu seinem Lieblingsplatz auserwählt zu haben.

Der dominierende Geist jedoch, der diese verzauberte Gegend beunruhigt und Commandeur en chef über alle Mächte der Luft zu sein scheint, ist eine Figur ohne Kopf zu Pferd. Nach einigen soll es der Geist eines hessischen Reiters sein, dessen Kopf bei einer Schlacht während des Revolutionskrieges durch eine Kanonenkugel weggeschossen worden ist, und der nun in der Dunkelheit der Nacht wie auf den Fittichen des Windes dahineilend dann und wann vom Landvolk gesehen wird. Seine nächtlichen Züge beschränken sich nicht bloß auf dieses Tal, sondern zuzeiten auch auf die benachbarten Straßen, insbesondere auf die Umgebung einer nicht weit davon entfernten Kirche. Ja, einige der glaubwürdigsten Historiker dieser Gegend, welche die umgehenden Sagen über dieses Gespenst sorgfältig gesammelt und zusammengetragen haben, behaupten, die Leiche dieses Reiters liege in dem dortigen Kirchhof begraben, und der Geist reite des Nachts auf das Schlachtfeld, um seinen Kopf zu suchen; die Eile aber, mit der er zuweilen durch die Höhle wie ein mitternächtlicher Windstoß dahin ziehe, rühre daher, dass er sich verspätet habe und sich nun sputen müsse, um vor Tagesanbruch wieder auf den Kirchhof zurückzukommen.

Dies ist im Allgemeinen der Inhalt dieses legendenartigen Aberglaubens, der zu mancher abenteuerlichen Erzählung in

9

dieser dunkeln Gegend das Material geliefert hat, sodass das Gespenst an jedem häuslichen Herd unter dem Namen des kopflosen Reiters aus der Schlafhöhle bekannt ist.

Merkwürdig ist dabei, dass das visionäre Vermögen, dessen wir erwähnten, sich nicht bloß auf die ursprünglichen Bewohner des Tals erstreckt, sondern sich unbewusst auch auf alle ausdehnt, die eine Zeit lang da gewohnt haben. Wie hell und wach sie auch gewesen sein mögen, bevor sie diese schlafmachende Gegend betraten, sicher atmen sie in kurzer Zeit die bezaubernde Kraft mit der Luft ein, werden träumerisch und nachdenkend und sehen Gespenster.

Ich gedenke dieser friedlichen Stelle voll Lobes, denn in solchen verborgenen holländischen Tälern, wie man sie hier und da in dem großen Staat New York findet, erhalten sich Bevölkerung, Sitten und Gebräuche unverändert, während der große Strom der Auswanderung und Kultur, welcher so bedeutende Veränderungen in anderen Teilen dieses Landes hervorbringt, unbemerkt an ihnen dahinzieht. Sie sind wie die kleinen Winkel mit stillem Wasser am Rande eines reißenden Flusses, wo wir den Strohhalm und die Blase ruhig vor Anker liegen oder sanft in ihrem Hafen sich drehen sehen, ungestört durch den ungestümen vorbeiziehenden Strom. Obgleich viele Jahre verflossen sind, seit ich das Dunkel der Schlafhöhle betrat, so möchte ich doch fast glauben, dass ich dieselben Bäume und dieselben Familien in dieser versteckten Einöde wiederfinden würde.

An diesem Platz wohnte in einer seinen Periode der amerikanischen Geschichte, d. h. ungefähr vor dreißig Jahren, ein ehrwürdiger Herr, mit Namen Ichabod Crane, um die Kinder aus der Nachbarschaft zu unterrichten. Er war von

Connecticut gebürtig, einem Staat, der die Union sowohl mit Pionieren für die Seelen wie für die Wälder versieht und jährlich eine Legion von Holzhauern und Landschulmeistern aussendet. Der Zuname Crane (Kranich) passte auf seine Person. Er war lang, außerordentlich schmächtig, mit schmalen Schultern, langen Armen und Beinen, mit Händen, welche eine Meile weit aus den Ärmeln herausbaumelten, mit Füßen, die statt Schaufeln dienen konnten, und sein ganzer Körper hing nur ganz locker zusammen. Sein Kopf war klein und auf dem Wirbel flach, mit ungeheuren Ohren, großen grünen Glasaugen und einer langen Nase, gleich einem Schnepfenschnabel, sodass er aussah wie ein Wetterhahn, der auf seinem Spindelhals stand, um anzuzeigen, wo der Wind her blase. Wer ihn an einem windigen Tage an der Seite eines Hügels mit fliegenden Kleidern dahinschreiten sah, hätte ihn für den auf die Erde herabsteigenden Genius des Hungers oder für eine Vogelscheuche in einem Kornfeld halten können.

Sein Schulhaus war ein ärmliches Gebäude auf einem großen Platz, roh von Holz gebaut, die Fenster zum Teil von Glas, zum Teil mit Blättern von alten Schreibbüchern verklebt. Sehr sinnreich war es für Stunden, wo niemand zu Hause war, durch ein an dem Griff der Tür angebrachtes Weidengeflecht und durch gegen die Fensterladen gestemmte Stücke gesichert, sodass ein Dieb zwar ganz leicht hineinsteigen konnte, aber einige Schwierigkeiten fand, wieder herauszukommen; eine Idee, die Herr Yost van Houten, der Baumeister, höchst wahrscheinlich von einem Aalfang entlehnt hatte. Das Schulhaus hatte eine einsame, aber angenehme Lage, gerade an dem Fuß eines waldigen Hügels, dicht an einem Bach und einer großen Birke, die an dem einen Ende desselben stand. An einem schwülen Sommertag konnte man von da das leise Gemurmel der Schüler, die ihre Lektion auswendig lernten, gleich dem Summen eines Bienenstockes hören, hier und da unterbrochen durch die gebieterische Stimme des Meisters im Tone der Drohung oder des Befehls, oder zufällig auch durch den gefürchteten Ton der Birkenrute, wenn er einige Faulenzer auf den blumigen Pfad des Wissens drängte. Die Wahrheit zu sagen, war er ein gewissenhafter Mann, der immer die goldene Maxime im Herzen trug: »Spare die Rute, und du verdirbst das Kind.« Sicherlich wurden Cranes Schüler nicht verdorben.

Man darf nicht glauben, dass er einer der grausamen Schulpotentaten gewesen sei, die sich an dem Schmerz ihrer Untergebenen erfreuen; im Gegenteil, er übte Gerechtigkeit eher mit Unterschied als mit Strenge, nahm den Schwachen die Last von dem Rücken und legte sie den Starken auf. Das kleine Bürschchen, das bei der geringsten Drohung mit der Rute zusammenfuhr, wurde mit Nachsicht behandelt, während der Gerechtigkeit mittelst einer doppelten Portion auf den Rücken einiger kleinen, hartnäckigen, starrköpfigen, groben holländischen Bursche, die grollend und widerspenstig unter der Birkenrute hinwegzuschlüpfen suchten, ein Genüge geschah. Alles dieses nannte er »seine Schuldigkeit ihren Eltern gegenüber tun«, und niemals legte er eine Strafe auf, ohne den schmerzlichen Trost für den kleinen Rangen hinzuzufügen, er würde noch seiner gedenken und ihm dankbar sein bis zum letzten Lebenshauch.

Wenn die Schulstunden zu Ende waren, spielte er mit den größeren Knaben, und an den Festtagen nachmittags geleitete er einige der kleineren, welche hübsche Schwestern oder gute gastliche Hausfrauen zu Müttern hatten, in ihre Häuser. So stand er in ganz gutem Vernehmen mit seinen Zöglingen. Das Einkommen von seiner Schule war nur schmal und würde kaum hingereicht haben, ihn mit dem täglichen Brot zu versehen, denn er war ein tüchtiger Esser und hatte, wenn auch schmächtig, doch die Eigenschaft, sich wie eine Riesenschlange auszudehnen; um ihn indes vor Mangel zu schützen, bekam er, nach Landesgebrauch, seine Kost in den Häusern der Farmer, deren Kinder er unterrichtete. Davon lebte er eine Woche um die andere und wanderte in der Nachbarschaft rings um, seine ganze irdische Habe in einem baumwollenen Taschentuch mit sich führend.

Damit indes alles dies nicht zu lästig würde für den Geldbeutel seiner Gönner, welche die Ausgaben für die Schule für eine drückende Bürde und die Schulmeister für bloße Drohnen hielten, schlug er verschiedene Wege ein, sich zugleich nützlich und angenehm zu machen. Er unterstützte gelegentlich die Farmer in den leichteren Feldarbeiten, half ihnen Heu machen, besserte die Zäune aus, führte die Pferde in die Schwemme, trieb die Kühe von der Weide und spaltete Holz für den Winter. Dabei legte er alle seine Würde und sein absolutes Übergewicht, mit welchem er in seinem kleinen Reich, der Schule, herrschte, ab und wurde außerordentlich artig und gewinnend. Er fand Gnade in den Augen der Mütter, wenn er sich mit den Kindern, besonders den jüngsten, abgab, und gleich dem Löwen, der das Lamm großmütig in seinen Tatzen hält, saß er mit einem Kind auf seinem Knie und setzte dabei Stunden lang eine Wiege in Bewegung.

Außer seinem Beruf war er noch der Singmeister der

Gegend und verdiente sich manchen Schilling durch Unterrichten der jungen Leute im Singen geistlicher Lieder. Es schmeichelte ihm nicht wenig, wenn er des Sonntags seinen Platz vorn auf der Galerie der Kirche mit einer Bande auserwählter Sänger nehmen konnte, wobei er, seiner Meinung nach, reichlich den Sieg über den Pfarrer davontrug. Wahr ist, seine Stimme übertönte die ganze Versammlung, und noch jetzt hört man in jener Kirche und eine halbe Meile weiter über'm Mühlteich drüben an stillen Sonntagmorgen gewisse Triller, die von Ichabod Cranes Nase abstammen sollen. So half sich der würdige Pädagoge durch allerhand kleine Kunstgriffe und auf sinnreiche Weise leidlich fort, und alle, die nichts von der Kopfarbeit verstanden, meinten, es koste ihm gar keine Anstrengung.

Ein Schulmeister ist gewöhnlich ein Mann von einigem Gewicht in den Familienkreisen der Landleute; man betrachtet ihn als eine Art vorstandsmäßiger Person von bei Weitem höherer Bildung und feinerem Geschmack als die rohen Bauernsöhne, und nur an Gelehrsamkeit unter dem Pfarrer stehend. Seine Erscheinung verursachte deshalb einiges Aufsehen am Teetisch eines Farmhauses, und es wurden außergewöhnliche Gerichte, wie Kuchen, Konfekt und gelegentlich auch ein silberner Teetopf aufgesetzt. Unser Gelehrter war daher besonders glücklich, wenn die Landmädchen freundlich gegen ihn waren. Er bildete sich etwas ein, wenn er am Sonntag zwischen dem Gottesdienst bei ihnen auf dem Kirchhof stand; sammelte Trauben von den wilden Weinstücken, die sich an den umstehenden Bäumen hinaufrankten; las zu ihrer Unterhaltung die Grabschriften auf den Leichensteinen, oder schlenderte mit einer ganzen Schaar von ihnen an den Ufern des nahen Mühlbachs, während die Schamhafteren blöde zurückblieben und seine Eleganz und seine Lebensart beneideten.

Infolge seines halben Wanderlebens war er eine Art von fahrender Zeitung und trug den ganzen Ranzen voll lokaler Klatscherei von Haus zu Haus, sodass seine Erscheinung überall gern begrüßt wurde. Besonders schätzten ihn die Frauen als einen Mann von großer Gelehrsamkeit, denn er hatte verschiedene Bücher ganz durchgelesen und war vollkommen zuhause in Cotton Mathers Geschichte der Zauberei in Neuengland, woran er, beiläufig gesagt, steif und fest glaubte.

Er war in der Tat ein seltsames Gemisch von etwas Verschlagenheit und einfacher Leichtgläubigkeit. Sein Hang zum Wunderbaren und seine Kraft, es zu verdauen, waren gleich ausgezeichnet, und beide steigerten sich, seit er in dieser bezauberten Gegend wohnte. Keine Geschichte war zu grob und zu ungeheuerlich für seinen geräumigen Schlund. Es machte ihm oft Vergnügen, wenn seine Schule am Abend geschlossen war, sich auf den weichen Rasen an dem Ufer des kleinen Bachs, der an seinem Schulhaus vorbeifloss, hinzustrecken und da des alten Mathers grässliche Geschichten durchzulesen, bis die Dunkelheit des Abends einen Nebel um die Schrift verbreitete. Wenn er dann durch Sumpf, Fluss und Wald seinen Weg zurück nach dem Farmhaus nahm, wo er einlogiert war, erregte jeder Ton in der Natur zu dieser Zauberstunde seine erhitzte Einbildungskraft: das Winseln des Totenvogels vom Hügel, der Ruf der Unken, der Vorbote des Sturms, das traurige Geschrei des Käuzchens, das plötzliche Geräusch der Vögel in dem Dickicht, die von ihren Schlafstellen aufgescheucht wurden. Sogar die Leuchtkäfer, die sehr lebhaft ihr Licht an den dunkelsten Plätzen verbreiteten, setzten ihn zuweilen in Furcht, wenn einer von ungewöhnlichem Glanz ihm über den Weg flog, und wenn ein großer Käfer ihn in seinem Flug begegnete, so wollte der arme Teufel schier den Geist aufgeben, denn er meinte, es habe eine Hexe ihm etwas angetan. Sein einziges Hilfsmittel bei solchen Gelegenheiten, sich die Gedanken aus dem Kopf zu schlagen oder die bösen Geister zu verscheuchen, war, heilige Lieder zu singen, und das gute Volk der Schlafhöhle, wenn es des Abends an seiner Tür saß, befiel oft eine heimliche Furcht, wenn es seine süßen und langausgezogenen Nasentöne vom fernen Hügel herab oder längs der dunklen Straße ertönen hörte.

Eine andere Quelle, seine Neigung zum Wunderbaren zu befriedigen, bestand darin, dass er die langen Winterabende bei alten holländischen Frauen zubrachte, die spinnend am Feuer saßen neben einer Reihe von Äpfeln, die sie auf dem Herde brieten. Hier lauschte er ihren wunderbaren Erzählungen von Geistern, Kobolden, nicht geheuren Feldern, verzauberten Bächen, Brücken, Häusern, besonders aber des Reiters ohne Kopf oder des galoppierenden Hessen der Höhle, wie sie ihn auch bisweilen nannten. Er dagegen unterhielt sie mit seinen Anekdoten von Zauberei und von schrecklichen Vorzeichen, von grässlichen Erscheinungen und Tönen in der Luft, welche in früheren Zeiten in Connecticut vorkamen, und machte sie fürchten durch Spekulationen über Kometen und Sternschnuppen und durch das Besorgnis erregende Faktum, dass die Welt rundum gehe und sie sich die Hälfte der Zeit zu unterst als oberst befänden.

Während dies alles ihm nur zum Vergnügen gereichte, und er sich in dem Winkel eines Zimmers, das von der Glut eines knatternden Holzfeuers gerötet war, und wo kein Gespenst sein Gesicht zeigen durfte, ganz behaglich befand, war er desto schlimmer daran auf seinem Heimweg. Welch fürchterliche Gestalten und Schattenbilder umgaben seinen Pfad mitten im matten und dunklen Schimmer einer Schneenacht! – Mit welch sehnsüchtigem Blick sah er auf jeden zitternden Lichtstrahl, der aus einem entfernten Fenster über die weiten Felder zu ihm herüberdrang! Wie oft erschrak er über einen mit Schnee bedeckten Strauch, der wie ein in ein Leichentuch gehülltes Gespenst ihm auf seinem Weg entgegentrat! Wie oft schauderte er zusammen vor dem Ton seiner eigenen Schritte auf der Eiskruste unter seinen Füßen und fürchtete sich, über seine Schulter zu sehen, weil er meinte, es schreite irgendein unheimliches Wesen dicht hinter ihm! Und wie oft verlor er gar alle Fassung durch die heulenden Töne des Windes, in der Meinung, es sei der galoppierende Hesse auf einem seiner nächtlichen Züge!

Alles dieses waren aber nur nächtliche Schrecken, Phantome, welche die Nacht in uns aufsteigen lässt; und obgleich er manche Gespenster in seinem Leben gesehen hatte und mehr als einmal von dem Satan in verschiedenen Gestalten auf seinen einsamen Wanderungen beunruhigt worden war, so machte doch das Tageslicht allen diesen Spukereien ein Ende, und er würde, trotz Teufel und Teufelsspuk, ein recht angenehmes Leben geführt haben, wenn ihm nicht auf seinem Lebenspfad ein Wesen begegnet wäre, das den Sterblichen in größere Unruhe versetzt als Geister und Kobolde und die ganze Hexengesellschaft zusammengenommen – ein Weib.

Unter den musikalischen Schülern, die sich an einem Abend in der Woche versammelten, um von ihm Unterricht im Gesang geistlicher Lieder zu empfangen, befand sich auch Katharine van Tassel, die Tochter und das einzige Kind eines wohlhabenden holländischen Farmers. Sie war ein blühendes Mädchen von achtzehn Jahren, rund und voll wie ein Rebhuhn, reif, appetitlich und mit rosigen Wangen, wie eine von ihres Vaters Pfirsichen, und allbekannt nicht nur wegen ihrer Schönheit, sondern auch wegen ihres zu hoffenden Reichtums. Dabei war sie eine kleine Kokette, wie man schon aus ihrem Anzug schließen konnte; er war nämlich ein Gemisch von alter und neuer Mode und ganz dazu geeignet, ihre Reize ins gehörige Licht zu stellen. Sie trug noch einen Schmuck von echtem puren Golde, den ihre Urgroßmutter von Saardam mitgebracht hatte; ferner ein reizendes Leibchen aus der alten Zeit und ein kurzes Unterkleid, das den schönsten Fuß und Knöchel in der ganzen Umgegend sehen ließ.

Ichabod Crane hatte ein sanftes und weiches Herz für das andere Geschlecht, und wir dürfen uns deshalb nicht wundern, dass ein so verführerischer Bissen Gnade vor seinen Augen fand, besonders nachdem er sie in ihres Vaters Hause besucht hatte. Der alte Baltus van Tessel war das vollkommene Bild eines tätigen, zufriedenen, liberalen Farmers. Zwar ließ er sein Auge oder seine Gedanken nicht über die Grenzen seiner eigenen Farm hinaus schweifen, aber innerhalb dieser war alles bequem, glücklich und wohl eingerichtet. Er war zufrieden mit seinem Reichtum, aber nicht stolz darauf, und legte mehr Gewicht auf seinen Überfluss als auf die Art und Weise, in der er lebte. Sein Haus lag an den Ufern des Hudson, in einem der grünen, geschützten, fruchtbaren Winkel, wo sich die holländischen Farmer so gern ansiedeln. Ein großer Ulmbaum breitete seine breiten Äste darüber aus, und am Fuß desselben entsprang eine Quelle des reinsten, süßesten Wassers, das in ein eingefasstes Becken floss und sich verstohlen durch das Gras in einen benachbarten Bach ergoss, der dann unter Erlen und Weiden weiter eilte. Dicht am Farmhaus befand sich eine große Scheune, die zu einer Kirche gedient haben mochte; durch jedes Fenster und jede Spalte derselben sahen die Schätze der Farm hervor; die Dreschflegel ließen sich darin vom Morgen bis zum Abend hören; Schwalben und andere Vögel flogen zwitschernd umher, und Flüge von Tauben, einige mit dem Blick nach oben, als wollten sie das Wetter beobachten, einige mit den Köpfen unter den Flügeln oder in der Brust vergraben, wieder andere sich aufblähend, girrend und sich vor ihren Weibchen verneigend, freuten sich auf dem Dach des Sonnenscheins. Fette, unbehilfliche Schweine grunzten und genossen der Ruhe und des reichlichen Futters in ihren Ställen, und hier und da sprangen kleine Ferkel hervor und schnappten nach Luft. Eine stattliche Schaar Schneegänse versammelte sich mit ganzen Truppen von Enten in einem benachbarten Teich; Regimenter von Truthühnern schweiften durch die Höfe der Farm, und anderes Geflügel trieb sich darin mit widerwärtigem Geschrei herum. Vor dem Scheunentor stolzierte der galante Hahn, das Muster eines Hausherrn, ein Krieger und feiner Gentleman, schlug mit seinen ausgebreiteten Flügeln und krähte stolz und in der Freude seines Herzens, kratzte zuweilen die Erde mit seinen Füßen auf und rief dann großmütig die allzeit hungrige Familie von Weibern und Kindern herbei, um sich des guten Bissens zu erfreuen, den er aufgefunden hatte.

Dem Pädagogen wässerte der Mund, als er diese reichen Quellen des Wintervorrats betrachtete. Mit begierigen Blicken stellte er sich jedes Ferkel, das umherlief, gebraten vor, mit einer köstlichen Fülle im Leib und einem Apfel im Maul; die Tauben bettete er sorgfältig in eine schöne Pastete und umgab sie mit einer Kruste; die Gänse schwammen in ihrer eigenen Sauce, und die Enten lagen paarweise, gleich jungen Ehepärchen, mit einer passenden Zwiebelsauce in den Schüsseln. An den Schweinen sah er die künftigen Speckseiten und saftigen Schinken ausgeschnitten; jeden Truthahn sah er schmackhaft zubereitet, mit seinem Magen unter dem Flügel und vielleicht einem Halsband von wohlschmeckenden Würsten, und selbst der stolze Hahn lag ausgebreitet auf seinem Rücken auf einer Nebenschüssel, mit aufgehobenen Krallen, als wenn er nach dem Quartier verlangte, das sein ritterlicher Geist verschmähte, als er noch am Leben war.

Indem sich nun der entzückte Ichabod alles dies ausmalte und seine großen grünen Augen über die fetten Wiesen, die reichen Weizen-, Roggen-, Buchweizen- und Welschkornfelder und die mit reichen Früchten versehenen Obstgärten, welche das schöne Gut van Tassels umgaben, schweifen ließ, zog ihn sein Herz zu dem Mädchen hin, das dies alles einmal erben sollte, und seine Einbildungskraft malte ihm vor, wie man dadurch leicht zu Vermögen kommen und das Geld in großen Strecken unbebauten Landes und Schindelpalästen in der Wildnis anlegen könne. Ja, seine geschäftige Fantasie zeigte ihm bereits die blühende Katharine mit einer ganzen Schnur von Kindern oben auf einem Wagen, mit Hausrat beladen und mit herunterhängenden Töpfen und Kesseln; er selbst sah sich auf einer Stute, mit einem Fohlen zur Seite, auf dem Wege nach Kentucky, Tennessee oder Gott weiß wohin.

Als er das Haus betrat, war sein Glück vollkommen. Es war eines jener geräumigen Farmhäuser mit hohen, etwas schiefen Dächern, in dem Stil, wie ihn die ersten holländischen Ansiedler liebten; das ein wenig hervorspringende Dach bildete in der Front des Hauses einen Säulengang, den man bei schlechtem Wetter verschließen konnte. Hier befanden sich Dreschflegel, Pferdegeschirr, verschiedenes Hausgeräte und Netze, um in dem benachbarten Fluss zu fischen. An der Wand waren Bänke für den Sommer angebracht, und ein großes Spinnrad an dem einen und ein Butterfass an dem anderen Ende zeigte die verschiedenen Zwecke, zu denen dieses Vorhaus bestimmt war. Aus diesem Säulengang ging der erstaunte Ichabod in den Vorsaal, der den Mittelpunkt des Hauses bildete und zum gewöhnlichen Aufenthaltsort diente. Hier blendete eine Reihe zinnernes, auf einem langen Tisch aufgestelltes Geräte sein Auge. In einem Winkel lag ein großer Sack mit Wolle zum Spinnen, in einem anderen ein Haufen halb wollenen und halb leinenen Zeugs, das soeben von dem Webstuhl kam; Ähren von welschem Korn und Schnüre von getrockneten Äpfeln und Pfirsichen hingen in Girlanden an den Wänden, gemischt mit rotem Pfeffer, und eine halb geöffnete Tür ließ ihn einen Blick in das schönste Gastzimmer werfen, in welchem die klauenfüßigen Sessel und Mahagonitische gleich Spiegeln glänzten; Feuerböcke mit Schaufeln und Zangen blitzten wie reines Gold; getrocknete Orangen und Muscheln zierten den Kamin; Schnüre von mannigfaltig gefärbten Eiern hingen darüber; ein großes Straußenei hing von der Mitte des Zimmers herab, und ein Schenktisch in der Ecke zeigte außerordentliche Schätze an altem Silber und Porzellan.

Von dem Augenblick an, als Ichabod diese Herrlichkeiten erblickte, war es mit der Ruhe seiner Seele vorbei, und sein einziges Dichten und Trachten ging nur dahin, die Zuneigung der unvergleichlichen Tochter van Tassels zu gewinnen. Dies Unternehmen barg indes größere Schwierigkeiten, als vormals das Loos eines irrenden Ritters in sich schloss, der selten mehr zu tun hatte als mit Riesen, Zauberern, feurigen Drachen und anderen leicht zu besiegenden Feinden zu kämpfen, und nur durch Eisen- und Erztore und diamantene Wände bis zu dem Schloss zu dringen hatte, in dem die Auserwählte seines Herzens gefangen gehalten wurde, welches alles er so leicht ausführte wie ein Mann, der sich durch das Zentrum einer Weihnachtspastete hindurch arbeitet; die Prinzessin reichte ihm ihre Hand, und damit war die Sache abgetan. Ichabod dagegen hatte sich in das Herz einer ländlichen Kokette voll Launen und Kaprizen zu stehlen, welche immer neue Schwierigkeiten und Hindernisse darboten; daneben hatte er es mit einem Heer furchtbarer Feinde von Fleisch und Blut und zahlreichen ländlichen Verehrern zu tun, welche jeden Zugang zu ihrem Herzen besetzt hielten, einander sorgfältig im Auge hatten, aber wenn es einen neuen Bewerber galt, stets gemeinsame Sache machten.

Der bedeutendste unter ihnen war ein dicker, lärmender und prahlender Bursche, namens Abraham oder nach holländischer Abkürzung Brom van Brunt, der Held der ganzen Umgegend, welche des Ruhms von seiner Stärke und seinem Mut voll war. Er war breitschulterig und vierschrötig, mit kurzgelocktem schwarzen Haare, mit einem plumpen, aber nicht unangenehmen Gesicht, auf dem die Züge von Heiterkeit und Anmaßung geschrieben standen. Von seiner herkulischen Gestalt und seiner großen Stärke hatte er den Spitznamen Brom Bones erhalten, unter dem er allgemein bekannt war. Berühmt war er durch seine große Kenntnis und Geschicklichkeit in der Behandlung der Pferde, er war so flink zu Ross wie ein Tatar. Bei allen Wettrennen und Hahnengefechten war er der Erste, und vermöge der Überlegenheit, die man im bäuerlichen Leben an körperlicher Stärke erlangt, war er der Schiedsrichter in allen Streitigkeiten, wobei er seinen Hut auf eine Seite setzte und seinen Bescheid mit einem Gesicht und Tone gab, die keinen Widerspruch und keine Berufung zuließen. Immer war er zu Streit und Neckerei bereit, aber er hatte mehr Mutwillen als bösen Willen und bei aller seiner Rohheit doch im Grunde einen Anstrich von guter Laune.

Dieser rohe Held hatte sich die schöne Katharine zum Gegenstand seiner ungeschlachten Galanterien auserwählt; und obgleich seine verliebten Tändeleien einigermaßen den Liebkosungen und der Zärtlichkeit eines Bären glichen, so flüsterte man sich doch hier und da zu, dass sie seinen Bewerbungen nicht ganz abgeneigt sei. Ausgemacht ist es, dass sie seinen Nebenbuhlern als Signal galten, sich zurückzuziehen, und dass sie keine Neigung fühlten, einen Bären in seinen Liebesaffären zu stören. Wenn man sein Ross irgendeinmal in einer Sonntagsnacht an van Tassels Tür angebunden sah, so war dies ein sicheres Zeichen, dass sein Herr darin auf der Freiern war, und alle Bewerber zogen missmutig vorüber und nach einer anderen Himmelsgegend.

Dies war nun der furchtbare Mann, mit dem es Ichabod Crane zu tun hatte; ein stärkerer Mann als er würde nach reiflicher Betrachtung sich zurückgezogen haben, ein verständigerer in Verzweiflung geraten sein. Er aber, ein glückliches Gemisch von Geschmeidigkeit und Beharrlichkeit, war an Form und Geist wie ein biegsames Rohr, nachgiebig, aber zäh; wenn er sich auch bog, so brach er doch nicht, und wenn er auch dem geringsten Druck nachgab, so war er doch im Moment wieder obenauf, richtete sich empor und trug seinen Kopf so hoch wie immer.

Offen gegen seinen Nebenbuhler zu Feld zu ziehen, würde Tollheit gewesen sein, denn der war nicht der Mann, der sich in seinen Liebeshändeln irre machen ließ, so wenig wie der stürmische Liebhaber Achilles. Deshalb ging er in seinen Bewerbungen in ruhiger und einschmeichelnder Weise vor. In seiner Funktion als Singmeister machte er häufig Besuche in dem Farmhause und hatte dabei von der Einmischung der Eltern, die so oft ein Stein des Anstoßes für Liebende ist, nicht das Geringste zu fürchten. Balt van Tassel war eine gefällige, nachsichtige Seele; er liebte seine Tochter sogar noch mehr als seine Tabakspfeife und ließ sie, als ein vernünftiger Mann und vortrefflicher Vater, nach Gefallen ihren Weg gehen. Seine fleißige kleine Frau aber hatte genug zu tun, ihren Haushalt zu besorgen und ihr Federvieh in Ordnung zu halten, denn ihre Meinung war, Enten und Gänse seien närrisches Volk und müssten in Aufsicht gehalten werden, die Mädchen aber könnten für sich selbst sorgen. Während nun die geschäftige Frau im Haus herumtrollte oder an ihrem Spinnrad an einem Ende des Säulengangs saß, schmauchte der ehrliche Balt seine Pfeife am anderen und beobachtete das Tun eines kleinen hölzernen Kriegers auf dem Scheunendach, der, mit einem Schwert in jeder Hand, mächtig gegen den Wind focht. Unterdessen betrieb Ichabod seine Sache mit der Tochter, bald an der Quelle unter der großen Ulme sitzend, bald mit ihr in der Dämmerung schlendernd, welche den Gesprächen Liebender so günstig ist. Ich muss gestehen, dass ich nicht weiß, wie man die Herzen der Frauen gewinnt. Mir sind sie immer Rätsel und Gegenstand der Bewunderung gewesen. Einige scheinen nur einen verwundbaren Punkt oder eine zugängliche Tür zu haben, während andere tausend Zugänge haben und auf tausend verschiedenen Wegen gewonnen werden können. Ein großer Triumph ist es, die ersteren zu erobern, aber noch ein bei Weitem größerer Beweis von Kunst, in Besitz der letzteren zu gelangen, denn hier muss ein Mann, um die Festung einzunehmen, in jede Tür und jedes Fenster einzudringen suchen. Der, welcher tausend gewöhnliche Herzen gewinnt, ist daher einigen Ruhmes wert; der aber, welcher unbestritten das Herz einer Kokette erobert, ist ein wirklicher Held. In der Tat war dies nicht der Fall mit dem furchtbaren Brom Bones, und von dem Augenblick, als Ichabod Crane seine Avancen machte, waren die Hoffnungen des ersteren offenbar im Sinken; man sah sein Pferd nicht mehr in Sonntagsnächten an das Haus angebunden, und es entspann sich nach und nach eine tödliche Feindschaft zwischen ihm und dem Präzeptor der Schlafhöhle.

Brom, der etwas von roher Ritterlichkeit in seinem Wesen hatte, würde mit Freuden Mittel und Wege zum offenen Krieg gefunden und seinen Ansprüchen auf das Mädchen kurz und bündig nach irrender Ritter Art durch Kampf Nachdruck gegeben haben; aber Ichabod kannte zu sehr die Übermacht seines Feindes über ihn, um sich mit ihm zu messen; er überhörte daher Bones Prahlerei, »er wolle den Schulmeister zusammenklappen und auf ein Bret seines Schulhauses legen«; auch war er zu schlau, um ihm irgendeine Gelegenheit zu geben. Es lag etwas außerordentlich Herausforderndes in diesem hartnäckig festgehaltenen Friedenssystem; es blieb Brom keine Wahl, als die Sache ins Lächerliche zu ziehen und seinen Rivalen mit bäuerischem Spott zu verfolgen. Ichabod wurde von Seiten Bones und seiner rohen Horde der Gegenstand einer mutwilligen Verfolgung. Sie beunruhigten sein bisher so friedliches Gebiet; brachten Rauch in seine Singschule durch Verstopfung des Schornsteins; brachen trotz der außerordentlichen Befestigungen der Fenster mit Weidenstöcken bei Nacht in das Schulhaus und warfen alles zu unterst als oberst, sodass der arme Schulmeister glaubte, alle Hexen im ganzen Lande hielten hier ihre Versammlungen. Aber was noch unangenehmer war, Brom benutzte jede Gelegenheit, ihn in Gegenwart seiner Geliebten lächerlich zu machen; so hatte er einen schäbigen Hund, den er auf eine possierliche Weise winseln lehrte und als Ichabods Rivalen bei ihr einführte, um sie im Gesang geistlicher Lieder zu unterrichten.

So stand die Sache eine Zeit lang, ohne dass sich die gegenseitige Position der streitenden Parteien wesentlich änderte. Da saß einmal an einem schönen Herbstnachmittag Ichabod nachdenkend auf seinem erhabenen Stuhl, wie auf einem Thron, von welchem er gewöhnlich alle Angelegenheiten seines kleinen literarischen Reichs überwachte. In seiner Hand schwang er einen Stock, das Zepter der Despotie; die Birkenrute, der Schrecken der Übeltäter, hing an drei Nägeln hinter dem Thron, während vor ihm auf einem Pult allerhand contrebande Ware und verbotene Gegenstände lagen, die er bei unnützen Buben entdeckt hatte, als halbverzehrte Äpfel, Knallbüchsen, Kreisel, Fliegenhäuschen und eine ganze Legion von kleinen Papierfiguren. Offenbar war eben ein abschreckender Akt der Justiz vor sich gegangen, denn seine Schüler hatten alle ihre Aufmerksamkeit auf die Bücher gewandt, oder flüsterten, ein Auge auf den Meister gerichtet, scheu und leise, und eine Art summender Stille herrschte durch die ganze Schulstube. Plötzlich wurde dies unterbrochen durch die Erscheinung eines Schwarzen in einer Zwillichjacke und weiten Hosen, mit einem Fragment von einem runden Hut gleich einer Mercuriuskappe, auf einem schlechten, wilden Hengstfüllen sitzend, das er an einem Strick mit einer Halfter führte. Er kam mit Rasseln an die Schultür, um Ichabod für diesen Abend zu einer fröhlichen Gesellschaft bei Mynheer van Tassel einzuladen. Als er seine Botschaft mit wichtigen Mienen und in der feinsten Sprache ausgerichtet hatte, eilte er über den Bach weiter und war, erfüllt von der Wichtigkeit und der Eile seiner Sendung, bald außer Gesicht.

Alles war nun in der zuvor ruhigen Schulstube in Aufruhr. Die Schüler eilten rasch über ihre Lektionen hinweg, ohne sich bei Kleinigkeiten aufzuhalten; diejenigen, welche gewandt waren, überhüpften ungestraft die Hälfte, und diejenigen, welche langsam waren, bekamen hin und wieder einen Klaps, um sie zur Eile anzutreiben, oder man half ihnen über ein langes Wort hinweg. Bücher wurden, anstatt sie auf die Bücherbretter zu stellen, auf die Seite geworfen, Tintenfässer umgeschmissen, Bänke umgeworfen, und die ganze Schule wurde eine Stunde vor der Zeit geschlossen; die Schulkinder aber stürzten heraus wie eine Herde junger Füllen, schrien und lärmten im Grase, um ihre Freude über die frühe Entlassung auszudrücken.

Der galante Ichabod wendete jetzt zum Wenigsten eine halbe Stunde auf seine Toilette, bürstete und reinigte seinen schwarzen verschossenen Rock aufs Beste und ordnete seine Locken vor einem Stück Spiegel, das an der Wand hing. Um vor seiner Herzallerliebsten als ein wahrer Kavalier zu erscheinen, lieh er von einem Farmer, mit dem er in gutem Vernehmen stand, einem cholerischen alten Manne, Namens Hans van Rippers, ein Pferd, und so trat er wohlberitten seine Wanderschaft wie ein fahrender Ritter an, der auf Abenteuer ausgeht. Aber ich muss notwendig, dem Geiste einer romantischen Geschichte gemäß, einen etwas näheren Bericht von dem Aussehen und der Ausstaffierung meines Helden und seines Rosses geben. Das Tier, das er ritt, war ein abgelebter Ackergaul, der fast um alles in der Welt gekommen war, nur nicht um seine Bosheit. Er war dürr und langhaarig, mit einem Hals wie ein Schaf und einem Kopf wie ein Hammer; Mähne und Schweif zusammengewirrt und geknotet; ein Auge hatte seine Pupille verloren und war weiß und glänzend, das andere, aber hatte noch den wahren Teufel in sich. Er musste zu seiner Zeit Mut und Feuer gehabt haben, wie man schon aus seinem Namen schließen kann; er hieß Gunpowder (Schießpulver). Wirklich war er das Lieblingspferd seines Herrn, des heftigen van Rippers, gewesen, der ein wütender Reiter, und von dessen Geist wahrscheinlich etwas auf das Tier übergegangen war; denn so alt und zusammengebrochen er auch aussah, so hatte er doch den Teufel im Leibe, wie kein Füllen in Lande.

Ichabod war eine Figur, die ganz zu dem Pferde passte. Er ritt mit kurzen Bügeln, sodass seine Knie fast an den Sattelknopf stießen; seine spitzen Ellbogen standen hinaus wie bei den Heuschrecken; die Peitsche hielt er perpendikulär in der Hand wie ein Zepter, und wenn sein Pferd einen kurzen Pass ging, bewegten sich seine Arme wie ein paar Flügel; der Saum seines schwarzen Rocks flatterte fast bis zum Schweif seines Pferdes. So sahen Ichabod und sein Pferd aus, als sie aus Hans van Rippers Tor hinauszogen; es war eine Erscheinung, wie man sie nur selten zu sehen bekommt.

Wie ich schon erwähnt habe, war es ein schöner Herbsttag; der Himmel war hell und blau, und die Natur trug das reiche, goldene Kleid, welches wir immer mit der Idee des Überflusses verbinden. Die Wälder hatten ein braunes und gelbes Gewand angelegt, während einige zartere Bäume durch den Frost die brillanten Farben von Orange, Purpur und Scharlachrot angenommen hatten. Scharen von wilden Tauben durchzogen hoch die Luft; von den Buchen- und Hickorybäumen hörte man das Geräusch der Eichhörnchen und zu Zeiten den schwermütigen Wachtelschlag von den benachbarten Stoppelfeldern.

Die kleineren Vögel waren im Begriff ihren Abschiedsschmaus zu halten. In der Fülle des Genusses flatterten sie fröhlich zwitschernd von Busch zu Busch und von Baum zu Baum, verwundert über den Überfluss und den Wechsel um sie herum. Da war das schöne Rotkehlchen, das Lieblingsvögelchen der Knaben, mit seiner hellen klagenden Stimme, die Amseln mit ihrem weittönenden Gesang, die goldbeschwingten Spechte mit ihrem hochroten Federbusch, ihrem breiten schwarzen Halskragen und ihrem glänzenden Gefieder; der Ledervogel mit seinen rotgefleckten Flügeln und Schwanz und seiner kleinen Reitkappe von Federn; der blaue Häher, dieser lärmende Gesell mit seinem hellblauen

Kleid und weißen Unterkleidern, kreischend und plaudernd, nickend, baumelnd, sich biegend und sich benehmend, als wenn er mit allen Sängern des Waldes in gutem Vernehmen stände.

Als nun Ichabod so langsam hintrollierte, schweifte sein Auge, das für jedes Symptom von kulinarischem Überfluss immer offen war, mit Vergnügen über die Schätze des heiteren Herbstes. An allen Seiten sah er einen großen Vorrat von Äpfeln, einige in reicher Fülle an den Bäumen hängen, andere in Körben und Tonnen zum Verkauf gesammelt, wieder andere in großen Haufen aufgespeichert für die Cyderpresse. Ferner erblickte er große Felder welschen Korns, das mit seinen goldenen Ähren aus den blätterreichen Büscheln hervor sah und gute Kuchen und Puddings in Aussicht stellte; darunter gelbe Kürbisse, ihre runden Früchte gegen die Sonne gewendet, die herrlichsten Torten versprechend; darauf passierte er die wohlriechenden Buchweizenfelder, die Lust der Bienen, und indem er sie sah, stahlen sich Gedanken an schmackhafte, wohl mit Butter versehene und mit Honig oder Sirup versetzte, von der zarten kleinen Hand der Katharine van Tassel gebackene Törtchen in seine Seele.

Indem er so seine Seele mit manchen süßen Gedanken und verzuckerten Hoffnungen nährte, ritt er an der Seite einer Reihe von Hügeln hin, welche die Aussicht auf einige der schönsten Szenen des mächtigen Hudson darbieten. Die Sonne kehrte allmählig ihre breite Scheibe dem Westen zu. Das weite Becken des Tappansees lag bewegungslos und glänzend da, nur hier und da bewegten sich leise die Wellen und spiegelten die blauen Schatten der entfernten Gebirge wieder. Wenige dunkle Wolken schwammen am Himmel, ohne dass sie ein Lufthauch bewegte. Der Horizont hatte eine schöne goldene Färbung, die sich nach und nach in sattes Grün und weiter in tiefes Blau verwandelte. Ein schräger Strahl fiel auf den waldigen Kamm des Abhangs, der sich nach dem Fluss herabzog, und verlieh der dunkelgrauen und purpurnen Farbe seiner Felspartien größere Tiefe. In der Ferne sah man ein kleines Schiff langsam mit hängenden Segeln dahin steuern; und da der Himmel sich in dem stillen Wasser widerspiegelte, schien es, als schwebte es in der Luft.

Es war gegen Abend, als Ichabod am Schlösschen van Taffels anlangte, welches er gedrängt voll fand von der Blüte und der Aristokratie der Nachbarschaft. Alte Farmer, eine magere Spezies mit ledernen Gesichtern, mit selbst gemachten Kleidern und Hosen, blauen Strümpfen, großen Schuhen und herrlichen zinnernen Schnallen; kleine verwelkte Frauen mit großen Kragen, Kleidern mit langen Taillen, selbstgesponnenen Unterkleidern, Scheren und Nadelkissen und schönen kattunenen Taschen an der Seite. Muntere Mädchen, in ihrem Anzug fast so antiquiert wie ihre Mütter, mit Ausnahme eines Strohhuts, eines schönen Bands oder vielleicht eines weißen Kleids, die an die neuen Moden der Stadt erinnerten. Die Söhne in kurzen gestreiften Röcken mit Reihen großer Messingknöpfe, das Haar gewöhnlich mit einem Zopf nach der damaligen Mode, wobei sie sich einer Aalhaut bedienten, als eines in der ganzen Gegend geschätzten Mittels, um den Haarwuchs zu befördern.

Brom Bones aber war der Held der Szene. Er war zu der Gesellschaft auf seinem Lieblingshengst Daredevil (Teufelstrotz) gekommen, einem Tier gleich ihm selbst voll Mut und Bosheit, das Niemand als er regieren konnte. Er war bekannt als einer, der boshafte, zu allen Arten von bösen Streichen geneigte und den Kopf des Reiters immer aufs Spiel setzende Tiere bevorzugte, denn er hielt ein folgsames wohlgezogenes Pferd eines Burschen von Geist unwürdig.

Wohl muss ich etwas verweilen bei all den Herrlichkeiten, die den entzückten Blicken meines Helden begegneten, als er das Putzzimmer in van Tassels Haus betrat. Ich meine hier nicht die Reize der vielen munteren Mädchen mit ihrem reichen Schmuck von roten und weißen Kleidern, sondern die reichen Schätze eines echt holländischen ländlichen Teetisches zur schönen Herbstzeit. Welch gehäufte Schüsseln von Kuchen der verschiedensten, kaum zu beschreibenden Arten, wie sie nur erfahrenen holländischen Hausfrauen bekannt sind! Da gab es süße Kuchen und mürbe Kuchen, Ingwer- und Honigkuchen, kurzum die ganze Familie von Kuchen. Desgleichen fanden sich Apfeltorten, Pfirsich- und Kürbistorten; ferner Schinken und Rauchfleisch; getrocknete Pflaumen, Pfirsiche und Quitten; geröstete Heringe und gebratene Hühnchen; daneben Schüsseln von Milch und Rahm, Alles durcheinander, in der Mitte der häusliche Teepott, der seine Rauchwolken allenthalben hin verbreitete.

Doch mir fehlt die Zeit, das ganze Bankett zu beschreiben, und ich muss eilen, meine Geschichte weiter zu verfolgen. Glücklicher Weise hatte Ichabod Crane nicht so große Eile als sein Geschichtsschreiber, sondern ließ jedem Leckerbissen Gerechtigkeit widerfahren.

Er gehörte zu den dankbaren Kreaturen, deren Herzen sich erweitern in dem Verhältnis, in welchem ihre Leiber sich mit guten Speisen füllen, und deren Geist durch Essen sich belebt, wie bei manchen Menschen durch Trinken. Dabei

konnte er nicht unterlassen, während des Essens seine großen Augen umherschweifen zu lassen und heimlich bei dem
Gedanken zu lächeln, dass er dereinst Herr dieser Szenen
außerordentlichen Glanzes und Überflusses werden könne.
Wie bald, dachte er, könne er dem alten Schulhaus den Rücken zukehren, Hans van Rippers und jedem anderen gei-
zigen Patron unter die Nase schnippen und jeden reisenden
Pädagogen, der sich unterfangen sollte, ihn Kamerad zu nen-
nen, zur Tür hinaus werfen.

Der alte Baltus van Tassel bewegte sich unter seinen Gäs-
ten mit einem Gesicht voll Zufriedenheit und guter Laune,
rund und voll wie der Mond. Seine kleinen Aufmerksam-
keiten waren kurz, aber voll Ausdruck; sie beschränkten sich
auf einen Handschlag, einen Klaps auf die Schulter, ein lautes
Gelächter und eine dringende Einladung »zuzulangen und
sich selbst zu bedienen«.

Jetzt tönte Musik von dem Salon und lud zum Tanz ein.
Der Musiker war ein alter grauköpfiger Schwarzer, schon
seit einem halben Jahrhundert das wandernde Orchester der
Umgegend. Sein Instrument war so alt und abgenutzt als er
selbst. Größtenteils kratzte er nur auf zwei oder drei Saiten,
indem er jede Bewegung seines Bogens mit einer Kopfbewe-
gung begleitete und sich fast bis auf den Boden beugte und
mit dem Fuß stampfte, so oft ein frisches Paar antrat.

Ichabod bildete sich so viel auf sein Tanzen ein als auf
seine Stimme. Nicht ein Glied, nicht eine Fiber an ihm war
müßig; und wer sein schlotteriges Gestell in voller Bewegung
über den Tanzplatz hinrasseln sah, musste glauben, St. Veit
selbst, der heilige Patron des Tanzes, mache leibhaftig seine
Touren vor ihm. Er wurde von allen Schwarzen bewundert,

die sich von allen Altern und Größen von der Farm und aus der Nachbarschaft versammelt hatten, eine Pyramide von glänzenden schwarzen Gesichtern an jeder Tür und jedem Fenster bildeten, sich mit Vergnügen die Szene besahen, ihre weißen Augäpfel rollen und ihre Reihen von Elfenbeinzähnen von einem Ohr zum anderen sehen ließen. Warum hätte da der Knabenzuchtmeister nicht lustig und vergnügt sein sollen?

Die Dame seines Herzens war seine Tänzerin und lächelte wohlwollend bei allen seinen verliebten Blicken, während Brom Bones, wütend vor Liebe und Eifersucht, finster und in sich versunken in einem Winkel saß.

Als der Tanz zu Ende war, wurde Ichabod zu einem Häufchen ernster Männer hingezogen, welche mit dem alten van Tassel an einem Ende des Säulengangs ihre Pfeife rauchten, von alten Zeiten schwatzten und besonders lange Geschichten aus dem Krieg erzählten.

Die Gegend, von der ich spreche, gehörte damals zu jenen begünstigten, welche reich an Geschichte und großen Männern sind. Die britischen und die amerikanischen Truppen waren während des Krieges in der Nähe aufeinander gestoßen, sie war deshalb die Szene von Plünderungen geworden und hatte Flüchtlinge, Trossbuben und alle Arten von Grenzrittern beherbergt. Es war hinreichende Zeit verflossen, um jeden Erzähler in den Stand zu setzen, seine Geschichte mit etwas Erdichtung aufzuputzen und bei der Unbestimmtheit seiner Erinnerung sich selbst zum Helden jeder Tat zu machen.

Da war die Geschichte von Duffue Martling, einem dicken blaubärtigen Holländer, der fast eine britische Fregatte

mit einem alten eisernen Neunpfünder von einer sumpfi-
gen Brustwehr genommen hätte, wenn nicht seine Kanone
beim sechsten Schuss zersprungen wäre. Und da war ein alter Herr – seinen Namen nenne ich nicht, er ist mir ein zu
reicher Mynheer –, der, ein großer Meister in der Verteidi-
gungskunst, in der Schlacht von Whiteplains eine Flintenku-
gel mit einem kleinen Säbel parierte, sodass er das Zischen
rund um die Klinge und die schnelle Bewegung des Heftes
fühlte; zum Beweis der Wahrheit war er jederzeit bereit, den
Säbel mit dem etwas verbogenen Heft zu zeigen. Es gab noch
verschiedene andere, die ebenso groß im Felde waren, darunter aber nicht einen einzigen, der nicht überzeugt gewesen
wäre, dass er zum glücklichen Ende des Krieges wesentlich
beigetragen habe.

Aber alles das war nichts gegen die Erzählungen von Geistern und Erscheinungen, die nun folgten. Die Gegend ist reich
an märchenhaften Schätzen dieser Art. Abergläubische Lo-
kalgeschichten gedeihen am besten in diesen verborgenen,
lange bewohnten Schlupfwinkeln, während sie durch das bewegte Gedränge, das die Bevölkerung unserer meisten Land-
städte bildet, unter die Füße getreten werden. Übrigens finden auch in den meisten unserer Dörfer die Geister keine
Aufmunterung; denn sie hatten kaum Zeit, ihr erstes Schläf-
chen zu beenden und sich in ihren Gräbern umzudrehen,
so sind ihre überlebenden Freunde bereits aus der Gegend
weggewandert, sodass, wenn sie in der Nacht die Runde machen, sie keine Bekannten mehr finden, denen sie einen Besuch abstatten könnten. Dies ist vielleicht auch der Grund,
weshalb wir, ausgenommen in unseren lange bewohnten holländischen Gemeinden, so wenig von Geistern hören.

Die Hauptursache jedoch, weshalb man so viel von übernatürlichen Begebenheiten in dieser Gegend vernahm, war ohne Zweifel der Nähe der Schlafhöhle zuzuschreiben. Es herrschte ein wahres Kontagium in der Luft, die von jener verzauberten Gegend her wehte; sie strömte eine Atmosphäre von Träumen und Einbildungen aus, die das ganze Land ansteckte. Einige von den Bewohnern der Schlafhöhle waren auch bei van Tassel und kramten, wie gewöhnlich, ihre wilden und wunderbaren Legenden aus. Es wurden mancherlei schreckliche Geschichten von Leichenzügen erzählt, sowie von klagenden und wimmernden Stimmen, die man bei dem großen Baum vernommen hatte, wo der unglückliche Major André ergriffen worden war. Auch gedachte man der weißen Frau, die das dunkle Tal von Raven Rock unsicher machte, und die man oft in Winternächten vor einem Sturm kreischen hörte. Sie war da im Schnee umgekommen. Die meisten der Erzählungen drehten sich aber um das Lieblingsgespenst der Schlafhöhle, den Reiter ohne Kopf, der erst kürzlich mehrere Male durch die Gegend patrouilliert war, und wie man sagte, in der Nacht sein Pferd unter den Gräbern im Kirchhof angebunden hatte.

Die einsame Lage dieser Kirche scheint sie immer zum Lieblingsaufenthalt unruhiger Geister gemacht zu haben. Sie stand auf einem kleinen Hügel, umgeben von Locustbäumen und hohen Ulmen, aus denen ihre schönen weißen Wände, das Bild der christlichen Reinheit, bescheiden hervorblickten. Von ihr senkt sich der Hügel zu einem hellen Bach herab, umgeben von hohen Bäumen, zwischen denen einzelne Blicke auf die blauen Hügel des Hudson gestattet sind. Wenn man auf ihren mit Gras bewachsenen Hof blickt, wo die Sonnenstrahlen so ruhig zu schlafen scheinen, sollte man denken, dass hier wenigstens der Tote in Frieden ruhen möge. An einer Seite der Kirche breitet sich ein weites waldiges Tal aus, längs dem ein starker Bach unter abgebrochenen Felsen und gefallenen Baumstämmen dahin rauscht. Über einen tiefen dunkeln Teil des Stroms, nicht weit von der Kirche, war vormals eine hölzerne Brücke gelegt; der Weg, der zu ihr führte, und die Brücke selbst war dick beschattet von überhängenden Bäumen, die selbst am Tag Dunkelheit auf ihr verbreiteten, in der Nacht aber eine furchtbare Finsternis verursachten. Dieses war denn ein Lieblingsaufenthalt des Reiters ohne Kopf und die Stelle, wo man ihm auch am häufigsten begegnete. Die Geschichte erzählte der alte Brouwer, sonst ein häretischer Ungläubiger, was die Geister betraf. Er berichtete, wie er dem Reiter, auf seiner Rückkehr vom Feld nach der Schlafhöhle, begegnet war und sich genötigt sah, hinter ihm zu bleiben; wie sie durch Busch und Dorn, über Hügel und Morast galoppierten, bis sie die Brücke erreichten; hier verwandelte sich der Reiter plötzlich in ein Beingeripppe, zog den alten Brouwer in den Bach und sprang über die Baumwipfel mit einem Donnerschlag davon. Den Pendant zu dieser Geschichte lieferte ein noch viel wunderbareres Erlebnis Brom Bones, der den galoppierenden Hessen für einen Erzspitzbuben ansah. Er versicherte, dass er in der Nacht, auf der Rückkehr von dem benachbarten Dorfe Sing-Sing von diesem nächtlichen Reiter eingeholt worden sei; er habe ihm das Anerbieten gemacht, mit ihm um eine Bowle Punsch um die Wette zu reiten, und würde auch die Wette gewonnen haben, da Daredevil alle Geisterpferde der ganzen Höhle aussteche; aber als sie zu der Kirchenbrücke gekommen seien, habe der Hesse angehalten und sei in einer feurigen Flamme verschwunden.

Alle diese Geschichten, welche mit gedämpfter Stimme in der Dunkelheit erzählt wurden, und wobei die Gesichter der Zuhörer nur hier und da zufällig durch einen Schimmer aus einer Tabakspfeife erleuchtet wurden, prägten sich tief in Ichabods Seele ein. Er ergänzte sie durch weitschweifige Auszüge aus seiner unschätzbaren Schrift von Cotton Mather und fügte noch manch wunderbare Vorfälle hinzu, die sich in seinem Geburtsland Connecticut zugetragen hatten, sowie andere fürchterliche Erscheinungen, die er auf seinen nächtlichen Gängen in der Gegend der Schlafhöhle gesehen hatte.

Die Gesellschaft brach nun allmählig auf. Die alten Farmer packten ihre Familien zusammen in die Wagen, und man hörte sie noch lange über die dumpfen Wege und über die entfernten Hügel rasseln. Einige von den Damen ritten hinter ihren Liebhabern, und ihr fröhliches Gelächter und das Rasseln der Hufschläge hallte längs des Waldes wieder und wurde allmählig schwächer und schwächer, bis es ganz verschwand. Die ganze geräuschvolle und muntere Szene war auf einmal still und wie ausgestorben. Nur Ichabod zögerte, nach Art der ländlichen Liebhaber, um noch ein tête-à-tête mit seiner Geliebten zu halten, vollkommen überzeugt, dass er nun auf dem geraden Weg zu seinem Glück sei. Was bei dieser Unterredung vorging, getraue ich mir nicht zu sagen, denn in der Tat, ich weiß es nicht. Doch fürchte ich, es muss etwas nicht recht nach seinem Sinne gewesen sein, denn nach kurzer Zeit ging er mit einem fast trostlosen und verstörten Gesicht hinweg. O die Mädchen! die Mädchen! Hatte das Mädchen einen ihrer koketten Streiche gespielt? – War die

Begünstigung des armen Pädagogen bloß eine Täuschung, um sich den Besitz seines Rivalen zu sichern? – Der Himmel weiß es, ich nicht! – Genug, Ichabod stahl sich fort mit einem Gesicht, als wenn er ein Hühnerhaus statt ein Mädchenherz beraubt hätte. Ohne rechts oder links auf die Szene der ländlichen Wohlhabenheit zu sehen, die er so oft mit Wohlbehagen betrachtet hatte, ging er geraden Wegs nach dem Stall und weckte mit einigen herzhaften Knuffen und Schlägen sein Pferd höchst unzart aus seiner bequemen Lage, denn es genas eines gesunden Schlafes und träumte von Bergen voll Korn und Gerste und ganzen Tälern voll Klee und Haferweide.

Es war gerade die rechte nächtliche Hexenzeit, als Ichabod, niedergeschlagen und schweren Herzens, seinen Weg nach Hause an den Seiten der stolzen Hügel, welche sich über Tarry Town erheben, verfolgte, und welchen er noch am Nachmittag zuvor so heiter passiert hatte. Die Stunde war so traurig wie er selbst. Weit unter ihm breitete sich der Tappansee mit seinen dunklen und großen Wogen aus, hier und da mit dem hohen Mast einer Schaluppe, welche ruhig vor Anker lag. In der Totenstille der Mitternacht konnte er noch das Bellen eines Hundes von der entgegengesetzten Küste des Hudson hören; aber es war so unbestimmt und schwach, dass man nur schwer sich einen Begriff von seiner Entfernung zu machen vermochte. Hier und da vernahm man das Krähen eines zufällig erwachten Hahns von irgendeinem Farmhaus unter den Hügeln, aber es war nur, als wenn er den Ton geträumt hätte. Kein Zeichen des Lebens regte sich in seiner Nähe, als vielleicht das melancholische Zirpen einer Grille oder das Quaken eines Frosches in dem nahen Sumpf, der nicht bequem schlief und sich plötzlich in seinem Bett umdrehte.

All die Geister- und Gespenstergeschichten, die er am Abend gehört hatte, drängten sich jetzt haufenweise in seine Erinnerung. Die Nacht wurde immer dunkler; die Sterne senkten sich tiefer am Himmel, und treibende Wolken verbargen sie seinem Auge. Nie hatte er sich so einsam und traurig gefühlt. Überdies näherte er sich jetzt der Stelle, wo manche der erwähnten Geistergeschichten sich ereignet hatten. In der Mitte der Straße stand ein sehr großer Tulpenbaum, der wie ein Riese über alle benachbarten Bäume hinausragte und eine Art von Grenzzeichen bildete. Seine Äste waren knorrig und fantastisch, groß genug, um die Stämme gewöhnlicher Bäume abzugeben, fast bis zur Erde und wieder in die Luft reichend. Er war eng mit der tragischen Geschichte des unglücklichen André verschwistert, der dicht dabei gefangen genommen wurde; gewöhnlich nannte man ihn nur Major Andrés Baum. Das gemeine Volk betrachtete ihn mit einem Gemisch von Ehrfurcht und Aberglauben, teils aus Sympathie mit dem Schicksal ihres unglücklichen Landsmannes, teils wegen der Erzählungen von den seltsamen Erscheinungen und den damit zusammenhängenden traurigen Stimmen und Lamentationen.

Als sich Ichabod dieser unheimlichen Stelle näherte, fing er zu pfeifen an; er meinte, sein Pfeifen werde erwidert, es war aber nur der Wind, der durch die dürren Zweige fuhr. Als er ein wenig näher kam, glaubte er etwas Weißes zu sehen, das in der Mitte des Baumes hing – er hielt stille und hörte auf zu pfeifen; als er aber näher zusah, gewahrte er, dass eine Stelle am Baum vom Blitz getroffen und das weiße

Holz bloß gelegt war. Plötzlich hörte er ein Stöhnen – seine Zähne klapperten, und seine Knie schlugen gegen den Sattel: es waren aber nur ein paar vom Winde bewegte Äste, die sich aneinanderrieben. Er kam glücklich vor dem Baum vorbei, aber neue Gefahren warteten seiner.

Ungefähr zweihundert Schritte von dem Baum kreuzte ein kleiner Bach die Straße und ergoss sich in ein sumpfiges und dicht bewaldetes, unter dem Namen Wiley's Sumpf bekanntes Tal. Einige rohe, nebeneinander gelegte Stämme dienten als Brücke über dieses Wasser. An der Seite der Straße, wo der Bach in den Wald eindrang, verbreitete eine Gruppe von Eichen und Nussbäumen, dick mit wilden Weinreben umzogen, eine große Dunkelheit über denselben. Diese Brücke zu passieren, war ein schweres Unternehmen. Gerade an dieser Stelle war es, wo der unglückliche André gefangen worden war, und in dem Dickicht dieser Nussbäume und Weinreben hatte sich der starke Bauer verborgen, der ihn überfiel. Daher hielt man auch den Fluss seit dieser Zeit für verzaubert, und alle Schulbuben, die ihn in der Dunkelheit allein zu passieren hatten, fürchteten sich über alle Beschreibung.

Als er sich dem Fluss näherte, fing sein Herz zu pochen an; er nahm jedoch all seinen Mut zusammen, setzte seinem Pferd die Sporen in die Rippen und suchte schnell über die Brücke zu kommen; aber anstatt vorwärts zu springen, machte das widerspenstige alte Tier eine Seitenbewegung und rannte quer gegen den Zaun. Ichabod, dessen Furcht mit der Verzögerung wuchs, zog mit dem Zügel nach der anderen Seite und stieß wacker mit dem entgegengesetzten Fuß; aber alles war vergeblich; sein Pferd raffte sich zwar auf, aber nur um auf die entgegengesetzte Seite des Wegs in ein

Dickicht von Brombeer- und Erlenbüschen zu stürzen. Jetzt ließ der Schulmeister Peitsche und Ferse auf die abgemagerten Rippen Gunpowders einwirken, worauf dieser schnaubend vorwärts stürzte, aber gerade bei der Brücke zum Stehen kam, und zwar so plötzlich, dass er seinen Reiter fast über seinen Kopf heruntergeworfen hätte. Gerade in demselben Augenblick schlug ein dumpfes Geräusch an der Seite der Brücke an Ichabods feines Ohr. Zugleich sah er im Dunkeln Schatten des Hains am Rand des Flusses etwas Großes, Missgestaltetes, Schwarzes, gleich einem Turm. Es bewegte sich nicht, sondern schien sich in der Dunkelheit zu verbergen, wie ein Riesenungeheuer, das bereit ist, auf den Wanderer loszuspringen. Dem furchtsamen Pädagogen stiegen vor Schrecken die Haare zu Berge. Was sollte er anfangen? Umzukehren und zu fliehen, war jetzt zu spät; wie hätte er auch einem Geist oder Gespenst, wenn es ein solches war, entrinnen mögen, das ja auf Windesflügeln dahineilen konnte? Er ermutigte sich deshalb, so gut er konnte, und fragte mit stotternder Stimme: »Wer bist Du?« Es erfolgte aber keine Antwort. Noch einmal prügelte er auf die unbeugsamen Flanken Gunpowders los und fing an, mit geschlossenen Augen ein geistliches Lied zu singen. Augenblicklich aber setzte sich das furchtbare Schattenobjekt in Bewegung und stellte sich mit einem Sprung mitten in den Weg. Obgleich die Nacht finster und schrecklich war, konnte man doch jetzt einigermaßen die Form des unbekannten Wesens unterscheiden. Es schien ein Reiter von bedeutendem Umfang auf einem schwarzen Pferd von mächtiger Gestalt zu sein. Er machte keine Anstalt, den Wanderer zu beunruhigen oder sich zu ihm zu gesellen, sondern blieb zur Seite in einiger Entfernung vom Weg, indem er auf der blinden Seite Gunpowders vorwärts trottete, der jetzt seine Furcht und seinen Eigensinn verloren hatte.

Ichabod, der keinen Gefallen an diesem fremden nächtlichen Begleiter hatte und der an die Abenteuer Brom Bones mit dem galoppierenden Hessen dachte, trieb sein Pferd an, in der Hoffnung, ihn hinter sich zu lassen. Der Fremde dagegen hielt mit ihm gleichen Schritt. Ichabod riss aus, der andere tat dasselbe. Da begann ihm der Mut zu sinken; er wollte wieder singen, aber seine trockene Zunge klebte ihm am Gaumen, und er konnte keinen Ton hervorbringen. Es lag etwas Mysteriöses und Erschreckliches in dem mürrischen Schweigen dieses beharrlichen Begleiters. Bald sollte es sich aufklären. Indem sie eine etwas bergansteigende Gegend hinanritten, wobei sich die riesenhafte, in einen Mantel gehüllte Gestalt besser von dem Himmel abhob, war Ichabod vor Schrecken fast des Todes, als er bemerkte, dass sie keinen Kopf hatte! Noch größer aber war sein Schrecken, als er wahrnahm, dass der Kopf, statt auf den Schultern, vor ihm auf dem Sattelknopf lag. Sein Schrecken stieg zur Verzweiflung; er ließ eine Masse von Stößen und Schlägen auf Gunpowder herniederregnen, indem er hoffte, durch eine plötzliche Bewegung seinem Begleiter zu entwischen – aber das Gespenst blieb ihm immer zur Seite. So stürzten sie denn vorwärts, durch dick und dünn; Steine flogen und Funken stoben mit jedem Sprung. Ichabods leichte Kleider flatterten in der Luft, während er in eiliger Flucht seinen langen dürren Leib über den Kopf seines Pferdes ausstreckte.

Sie hatten nun die Straße, welche sich nach der Schlafhöhle wendet, erreicht; aber Gunpowder, der von einem Dämon besessen schien, machte, anstatt sich auf ihr zu halten, eine Wendung nach der entgegengesetzten Richtung und stürzte mit dem Kopf voran den Hügel nach links herab. Dieser Weg führt durch eine sandige Höhle, ungefähr eine Viertelmeile lang von Bäumen beschattet, wo er die in den Gespenstergeschichten so berüchtigte Brücke kreuzt, und gerade darüber ragt der grüne Hügel hervor, auf dem die weiße Kirche steht.

Der panische Schrecken des Pferdes hatte jetzt seinem ungeschickten Reiter einen offenbaren Vorteil bei der Jagd gegeben; aber gerade als er halbwegs durch die Höhle gekommen war, gab der Sattelgurt nach und drohte unter ihm wegzugleiten. Er hielt sich am Sattelknopf fest und suchte den Sattel fest zu halten, aber vergebens; er hatte gerade nur noch Zeit, sich an den Hals des alten Gunpowder festzuklammern, als der Sattel auf die Erde fiel und er hörte, wie er von seinem Verfolger unter die Füße gestampft wurde. Zeitweise dachte er wohl an Hans van Rippers Zorn – denn es war sein Sonntagssattel; aber zu solchen unbedeutenden Dingen war keine Zeit da, das Gespenst war ihm dicht auf den Fersen, und da er ein ungeschickter Reiter war, kostete es ihm viel Mühe, sich auf seinem Sitz zu erhalten. Bald rutschte er auf die eine Seilte, bald auf die andere, bald stieß er sich mit solcher Gewalt an das hohe Rückgrat seines Pferds, dass er dachte, der Leib ginge ihm entzwei.

Eine Öffnung in den Bäumen gab ihm Hoffnung, dass die Kirchenbrücke in der Nähe sei. Der schwankende Reflex eines glänzenden Sterns im Fluss lehrte ihn, dass er sich nicht getäuscht hatte. Er sah die Wände der Kirche ziemlich deutlich zwischen den Bäumen hervorschimmern. Dabei erinnerte er sich des Platzes, wo Brom Bones unheimlicher

Gegner verschwunden war. »Wenn ich nur die Brücke erreiche«, dachte Ichabod, »so bin ich geborgen.« In demselben Augenblick hörte er den schwarzen Hengst dicht hinter sich klopfen und schnauben; ja, er bildete sich ein, dass er seinen heißen Atem fühlte. Noch ein tüchtiger Tritt in die Rippen, und der alte Gunpowder sprang auf die Brücke; donnernd lief er über die widerhallenden Bohlen, gewann die entgegengesetzte Seite, und Ichabod warf jetzt einen Blick hinter sich, um zu sehen, ob sein Verfolger, wie gewöhnlich, in Feuer- und Schwefelflammen verschwinde. Gerade da sah er das Gespenst sich im Steigbügel erheben und seinen Kopf gegen ihn schleudern. Ichabod versuchte dem schrecklichen Wurf auszuweichen, aber zu spät. Er traf seinen Schädel mit einem fürchterlichen Krach – und warf ihn der Länge nach in den Staub, während Gunpowder, der schwarze Hengst und das Gespenst mit der Schnelligkeit des Wirbelwindes vorbeipassierten.

Am nächsten Morgen fand man das alte Ross ohne Sattel, mit dem Zaum unter dem Fuß, ruhig an seines Herrn Tor grasend; Ichabod aber erschien weder beim Frühstück, noch beim Mittagstisch. Die Buben versammelten sich am Schulhaus und schlenderten müßig an dem Ufer des Flusses herum, aber kein Schulmeister kam. Hans van Rippers fing nun an, einige Unruhe über das Schicksal des armen Ichabod und seines Sattels zu empfinden. Es wurde deshalb eine nähere Untersuchung angestellt, und nach fleißiger Forschung kam man auf seine Spur. Auf einer Stelle des Weges, der zu der Kirche führte, fand man den Sattel in den Schmutz getreten; die Spuren der tief in den Weg eingegrabenen und von der höchsten Eile zeugenden Pferdehufe leiteten nach der Brücke, jenseits welcher, an dem Ufer einer breiten Stelle des Flusses, wo das Wasser tief und dunkel war, man den Hut des unglücklichen Ichabod und dicht dabei einen zertrümmerten Kürbis fand.

Der Fluss wurde durchsucht, aber der Leichnam des Schulmeisters wurde nicht aufgefunden. Hans van Rippers, der zugleich Vermögensexekutor war, untersuchte den Bündel, der seine ganze irdische Habe enthielt. Sie bestand aus zwei und einem halben Hemd, zwei Halsbinden, einem paar wollenen Strümpfen, einem Paar alten Hosen, einem rostigen Rasiermesser, einem Gesangbuch voll Eselsohren und einer zerbrochenen Tabakspfeife. Was die Bücher und die Gerätschaften der Schule betrifft, so gehörten sie der Gemeinde, mit Ausnahme Cotton Mathers »Geschichte der Zauberei«, einem neuenglischen Kalender und einem Buch über Träume und Wahrsagekunst, in welchem letzteren sich ein sehr beschmiertes und beschmutztes Blatt befand, welches mehre fruchtlose poetische Versuche zum Lob seiner geliebten van Tassel enthielt. Diese magischen Bücher und das poetische Geschmiere wurden von Hans van Rippers sogleich den Flammen übergeben. Zugleich beschloss er, von nun an seine Kinder nicht mehr in die Schule zu schicken, in der Meinung, dass aus diesem Lesen und Schreiben nichts Gutes kommen könne. Das Geld, das der Schulmeister besaß – er hatte erst vor einem oder zwei Tagen seine Vierteljahrsbesoldung erhalten –, hatte er wahrscheinlich zur Zeit, als er verschwand, bei sich geführt.

Die geheimnisvolle Begebenheit verursachte am folgenden Sonntag bei der Kirche viele Betrachtungen. Eine Menge von Gaffern und Klatschern versammelte sich im Kirchhof, bei der Brücke und an der Stelle, wo der Hut und Kürbis gefunden worden waren. Die Geschichten von Brom Bones und ein ganzer Vorrat anderer wurden in Erinnerung gebracht, und als sie sie alle genau erwogen und mit den Zeichen des vorliegenden Falles verglichen hatten, schüttelten sie ihre Köpfe und kamen zu dem Schluss, Ichabod sei von dem galoppierenden Hessen geholt worden. Da er ein Junggeselle und niemand etwas schuldig war, so krähte bald kein Hahn mehr nach ihm; die Schule wurde nach einem anderen Teil der Höhle verlegt und ein anderer Schulmeister angestellt.

Ein alter Farmer, der mehre Jahre nachher einen Besuch in New York abstattete, und von welchem diese Geistergeschichte erzählt wurde, wollte wissen, Ichabod sei noch am Leben, er hätte nur die Gegend verlassen, teils aus Furcht vor dem Geist und Hans van Rippers, teils aus Verdruss, weil ihm seine Geliebte plötzlich den Abschied gegeben habe; er habe seinen Aufenthalt nach einem anderen Teil des Landes verlegt, halte Schule und studiere zugleich Jurisprudenz, wäre bei Gericht zugelassen worden, sei Politiker und wählbar geworden, und schreibe an Zeitungen. Brom Bones aber, der bald nach seines Rivalen Verschwinden die schöne Katharine im Triumph zum Altar führte, soll äußerst listig drein geschaut haben, wenn die Geschichte von Ichabod erzählt wurde, und immer herzlich gelacht haben bei der Erwähnung des Kürbis, welches einige auf den Gedanken brachte, er wisse mehr von der Sache, als ihm zu erzählen beliebe.

Die alten Bauernfrauen jedoch, welche die besten Richter in solchen Dingen sind, glauben noch bis auf den heutigen Tag, Ichabod sei durch übernatürliche Kräfte hinweggeführt worden, und das Ganze ist eine Lieblingsgeschichte, die man sich in der ganzen Gegend im Winter beim Abendfeuer erzählt. Die Brücke wurde mehr als je ein Gegenstand abergläubischer Furcht, und dies mag auch der Grund sein, weshalb der Weg in späterer Zeit verlegt worden ist, sodass er sich der Kirche am Rand des Mühlbachs nähert. Das verlassene Schulhaus kam bald in Verfall, und man erzählt sich, dass der Geist des unglücklichen Pädagogen hier umgehe, und der Pflüger, wenn er in stillen Sommerabenden heimschlendert, glaubt oft in einiger Entfernung seine Stimme zu hören, wie er seinen melancholischen Psalm durch die stille Einsamkeit der Schlafhöhle ertönen lässt.

Die Geisterbraut

Erzählung eines Reisenden. *

Er, für den der Tisch gedeckt,
Liegt, traun, die Nacht kalt hingestreckt!
Ich führt' zur Stub' ihn gestern Nacht,
Heut' Nacht hat Gray-steel ihm das Bett gemacht.
Sir Eger, Sir Grahame und Sir Gray-steel.

Auf dem Gipfel einer der Höhen des Odenwalds, einer wilden und romantischen Gegend des oberen Deutschlands, nicht weit von dem Zusammenfluss des Mains und des Rheins gelegen, stand vor vielen, vielen Jahren das Schloss des Baron von Landshort. Es ist nun ganz zerfallen, und beinahe unter Buchen und dunkeln Fichten begraben, aus denen jedoch noch der alte Wachtturm hervorblickt, der,

---

* Der unterrichtete Leser, in unnützer Gelehrsamkeit wohl bewandert, wird gewahren, dass der Schweizer seine Erzählung auf eine kleine französische Anekdote gegründet hat, welche sich auf eine in Paris vorgefallene Begebenheit bezieht. – Anmerk. des Verf.

wie einst sein Besitzer, sein Haupt hoch empor zu tragen strebt und auf die benachbarte Gegend hinabblickt.

Der Baron war ein trockener Zweig der großen Familie von Katzenellenbogen, der Name einer ehemals sehr mächtigen Familie dieses Landes. Die Benennung soll eine erlauchte Dame der Familie, ihres schönen Arms wegen berühmt, veranlasst haben. (Anmerk. des Verf. und erbte mit den Besitzungen seiner Ahnen auch zugleich ihren ganzen Stolz.) Obgleich der kriegerische Sinn seiner Vorfahren den Gütern der Familie sehr geschadet hatte, so suchte der Baron den äußeren Glanz seines Standes doch immer noch zu behaupten. Die Zeiten waren friedlich und die deutschen Edelleute hatten fast allgemein ihre unbequemen, alten, wie Adlerhorste an den Bergen hängenden Burgen verlassen und bequemere Wohnungen in den Tälern erbaut; der Baron blieb indes noch immer in seiner kleinen Veste stolz abgeschlossen, und nährte, mit angeerbter Hartnäckigkeit, den ganzen alten Familiengroll, sodass er mit einigen seiner nächsten Nachbarn um Streitigkeiten willen gespannt war, die noch von ihren Ururgroßvätern herrührten.

Der Baron hatte nur ein Kind, eine Tochter, aber die Natur wägt, wenn sie nur ein Kind gewährt, dies immer dadurch auf, dass sie es zu einem Wunder macht; und so war es mit der Tochter des Barons. Alle Ammen, Gevatterinnen und Muhmen vom Land versicherten ihrem Vater, dass es ihresgleichen nicht in Deutschland gäbe, und wer hätte das besser wissen sollen als diese? Sie war überdies mit großer Sorgfalt unter der Oberaufsicht zweier unverheirateten Basen erzogen worden, die einige Jahre ihres früheren Lebens an einem der kleinen deutschen Höfe zugebracht hatten, und in allen zur Erziehung einer Frau von Stande nötigen Zweigen des Wissens erfahren waren. Unter ihrer Anleitung ward sie ein Wunder der Vollkommenheit. In ihrem achtzehnten Jahr konnte sie bewunderungswürdig sticken und hatte ganze Heiligengeschichten in Tapetenarbeit genäht, und in die Gesichter eine solche Kraft des Ausdrucks gebracht, dass sie aussahen, wie arme Seelen im Fegefeuer. Sie konnte ohne große Schwierigkeit lesen, und hatte sich durch mehrere Kirchen-Legenden, und beinah alle ritterlichen Wunder im Heldenbuch glücklich hindurchbuchstabiert. Sie hatte selbst bedeutende Fortschritte im Schreiben gemacht; war im Stande, ihren Namen, ohne einen Buchstaben auszulassen und so leserlich zu schreiben, dass ihre Basen ihn ohne Brille entziffern konnten. Sie besaß eine große Fertigkeit, kleine artige unnütze Spielwerke, wie bei den Frauen herkömmlich, zu machen, verstand die künstlichsten Tänze der damaligen Zeit, spielte mehrere Weisen auf der Harfe und Zither und wusste alle zärtliche Balladen aus den Minnesängern auswendig.

Ihre Basen, die in ihren jüngeren Jahren flatterhaft und große Koketten gewesen waren, schickten sich auch vortrefflich dazu, über die Aufführung der Nichte zu wachen; denn es gibt keine so streng kluge und unerbittlich ehrsame Duenna, wie eine überalterte Kokette. Sie durfte nie das Gebiet des Schlosses überschreiten, ohne wohl begleitet oder vielmehr wohl bewacht zu sein, musste beständig Lehren über Anstand und strengen Gehorsam anhören, und was die Männer betraf – ha! – da hatte man ihr eingeprägt, sie so fern von sich zu halten und ihnen so wenig zu trauen, dass sie, wenn sie nicht ausdrücklich dazu Erlaubnis erhalten, auf den schönsten Kavalier von der Welt auch nicht einen Blick geworfen haben würde – nein, nicht, wenn er zu ihren Füßen gestorben wäre.

Die guten Wirkungen dieses Systems zeigten sich auf eine wunderbare Art; das Fräulein war ein Muster von Folgsamkeit und Anständigkeit. Während andere ihre Lieblichkeit in dem frohen Glanz der Welt vergeudeten, und leicht von jeder Hand gepflückt und an die Seite geworfen werden konnten, erblühte sie keusch zu einer frischen und lieblichen Weiblichkeit unter dem Schutz dieser unbefleckten Jungfrauen, wie eine Rosenknospe unter schützenden Dornen sich entfaltet. Ihre Basen betrachteten sie mit Stolz und Entzücken, und behaupteten, dass, wenn auch alle junge Damen in der Welt sich verirren könnten, der Erbin von Katzenellenbogen, dem Himmel sei gedankt, nie so etwas begegnen würde.

Aber, obgleich der Baron von Landshort nicht mit vielen Kindern gesegnet war, so war doch seine Haushaltung nicht klein, denn die Vorsehung hatte ihn mit einer Menge armer Anverwandten bereichert. Diese besaßen, ohne Ausnahme, die liebevolle Zuneigung, welche allen untergeordneten Verwandten eigen ist, hingen sehr an dem Baron, und benutzten jede mögliche Gelegenheit, in Haufen nach dem Schloss zu kommen und dies zu beleben. Alle Familienfeste wurden von diesen guten Leuten auf Kosten des Barons begangen, und wenn sie sich gehörig gesättigt, so erklärten sie laut, dass nichts auf Erden so herrlich sei, als diese Familienzusammenkünfte, diese Jubelfeste des Herzens.

Der Baron hatte, obgleich ein kleiner Mann, eine große Seele, die vor Freuden bei dem Gefühl anschwoll, der größte Mann in der kleinen Welt um ihn her zu sein. Er erzählte gern lange Geschichten von den gewaltigen alten Kriegern, deren Bilder finster von den Wänden herabblickten, und niemand hörte ihm dabei ruhiger zu, als die, welche er auf seine Kosten ernährte. Er neigte sich sehr zum Wunderbaren bin, und glaubte steif und fest an all die Erzählungen von übernatürlichen Begebenheiten, deren in Deutschland jeder Berg und jedes Tal voll ist. Die Gläubigkeit seiner Gäste übertraf seine eigene; sie hörten jede wunderbare Erzählung mit offenen Augen und offenem Mund an, und verfehlten nie, erstaunt zu sein, wenn sie ihnen auch schon zum hundertsten Mal wiederholt wurde. So lebte der Baron von Landshort, das Orakel seines Tisches, der unumschränkte Beherrscher seines kleinen Gebiets, und glücklich vor allem in der Überzeugung, dass er der weiseste Mann seines Zeitalters sei.

Zu der Zeit, von welcher meine Geschichte handelt, war auf dem Schloss eine große Familienversammlung; sie galt einer Angelegenheit von der äußersten Wichtigkeit; – man erwartete nämlich den bestimmten Bräutigam der Tochter des Barons. Eine Verhandlung war zwischen dem Vater und einem alten Edelmann in Bayern zu Stande gebracht worden, die Würde ihrer Häuser durch die Heirat ihrer Kinder zu vereinigen. Die Einleitung dazu war mit der gehörigen Pünktlichkeit getroffen worden. Die jungen Leute waren miteinander verlobt, ohne sich je gesehen zu haben, und der Tag zur Vermählung war angesetzt. Der junge Graf von Altenburg war zu dem Ende von dem Heer abberufen worden, und bereits auf dem Weg zu dem Baron, um dort seine Braut in Empfang zu nehmen. Man hatte selbst schon aus Würzburg, wo er durch einige Umstände aufgehalten wurde, Briefe von ihm, in welchen der Tag und die Stunde bestimmt war, zu welcher er eintreffen würde.

Das Schloss war im Aufruhr, um die Anstalten zu treffen, den Bräutigam gehörig zu empfangen. Die schöne Braut war mit ungewöhnlicher Sorgfalt geschmückt worden. Die beiden Basen hatten bei ihrer Toilette den Vorsitz gehabt, den ganzen Morgen sich über jedes Stück ihres Anzugs gestritten. Die junge Dame hatte diesen Zwist benutzt, ihrem eigenen Geschmack zu folgen, und glücklicherweise war dieser ein guter. Sie sah so lieblich aus, als ein jugendlicher Bräutigam nur wünschen kann, und die Bewegung, welche die Erwartung ihr mitteilte, erhöhte ihre Reize umso mehr.

Die Röte, welche ihre Wangen und ihren Nacken übergoss, das leise Wogen des Busens, das Auge, welches dann und wann in Sinnen verloren schien; alles verriet die sanfte Erregung, die in ihrem Herzen vorging. Die Basen waren fortwährend um sie her beschäftigt; denn unverheiratete Basen pflegen immer großen Anteil an Angelegenheiten dieser Art zu nehmen. Sie gaben ihr eine unendliche Anzahl von klugen Ratschlägen, wie sie sich benehmen, was sie sagen, und in welcher Weise sie den erwarteten Geliebten empfangen solle.

Der Baron war nicht weniger mit Vorbereitungen beschäftigt. Er hatte, die Wahrheit zu sagen, eigentlich nichts zu tun; allein er war von Natur ein feuriger, unruhiger, kleiner Mann, und konnte durchaus nicht müßig bleiben, wenn alles in Bewegung war. Er lief, mit der Miene unendlicher Bedrängtheit, im Schloss Trepp auf und ab; er rief beständig die Leute von ihrer Arbeit, um sie zu ermahnen, fleißig zu sein; und tummelte sich mit einer so unnützen Ruhelosigkeit, und so belästigend, wie eine große blaubauchige Fliege an einem Sommertag, in jedem Saal und jedem Zimmer umher.

Mittlerweile war das gemästete Kalb geschlachtet worden; die Wälder hatten von dem Geschrei der Jäger wiedergehallt; die Küche war voll von Leckerbissen; der Keller hatte ganze Ozeane von Rhein- und Firnewein hergeben müssen, und selbst das große Heidelberger Fass war in Kontribution gesetzt worden. Alles war in Bereitschaft, den ausgezeichneten Gast mit Saus und Braus, in dem wahren Geist deutscher Gastfreiheit zu empfangen – aber der Gast erschien noch immer nicht. Stunde auf Stunde verfloss. Die Sonne, welche ihre sinkenden Strahlen auf die reichen Forste des Odenwalds geworfen hatte, glänzte jetzt gerade an den Gipfeln der Berge. Der Baron erstieg den höchsten Turm, und strengte seine Augen an, in der Hoffnung, den Grafen und seine Begleiter in der Entfernung zu entdecken. Einmal glaubte er schon, sie zu sehen; Hörnerklang scholl aus dem Tal, von dem Widerhall in den Bergen verlängert. Eine Anzahl Reiter ward weit unten sichtbar, welche langsam den Weg entlang zogen; als sie aber beinahe den Fuß des Berges erreicht hatten, lenkten sie plötzlich in eine andere Straße ein. Der letzte Strahl der Sonne schied – die Fledermäuse begannen im Zwielicht zu schwirren – die Straße ward dunkler und dunkler, und man sah nichts sich darauf bewegen, als zuweilen einen Landmann, der sich von seiner Arbeit nach Hause schleppte.

Während das alte Schloss von Landshort sich in einer so tödlichen Unruhe befand, trug sich in einem andern Teil des Odenwaldes eine sehr bedeutende Begebenheit zu.

Der junge Graf von Altenburg setzte seine Reise ruhig und in der nüchternen, schlendernden Weise fort, wie ein Mann seiner Vermählung entgegenreist, wenn seine Freunde ihn aller Mühe und Ungewissheit einer langen Bewerbung überhoben haben, und der so gewiss ist, eine Braut zu finden, als ein Mittagsessen am Ende seiner Reise. Er hatte in Würzburg einen jungen Waffengefährten getroffen, mit welchem er zusammen an der Grenze gedient hatte, Hermann von Starkenfaust, einen jungen Mann von dem kräftigsten Arme und dem bravsten Herzen unter der deutschen Ritterschaft, der nun von dem Heer zurückkehrte. Seines Vaters Schloss lag nicht weit von der alten Burg Landshort, allein eine alte Fehde hatte die beiden Familien entzweit, und sie einander fremd gemacht.

In der ersten Wärme des Augenblicks der Erkennung, hatten die jungen Freunde einander alle ihre unterdessen bestandenen Abenteuer und Glücksfälle erzählt, und der Graf gab die ganze Geschichte seiner bevorstehenden Vermählung, mit einer jungen Dame, die er nie gesehen, von deren Reizen er aber die hinreißendsten Beschreibungen gehört.

Da der Weg der Freunde nach derselben Gegend hinführte, so wurden sie einig, den übrigen Teil ihrer Reise zusammen zu machen; damit sie dies aber mit umso größerer Bequemlichkeit tun könnten, waren sie frühzeitig von Würzburg aufgebrochen, und der Graf hatte seinem Gefolge den Befehl gegeben, ihm nachzukommen.

Sie verkürzten sich die Zeit mit Erinnerungen auf ihren im Krieg bestandenen Fährlichkeiten und Abenteuern; aber der Graf war mitunter ein wenig langweilig, wegen der gepriesenen Reize seiner Braut und des Glücks, das ihn erwartete.

Auf diese Weise waren sie in die Berge des Odenwaldes gekommen, und ritten durch einen seiner einsamsten und dickbelaubtesten Pässe. Man weiß, dass die Wälder von Deutschland jederzeit ebenso sehr von Räubern, als seine Burgen von Gespenstern heimgesucht worden sind; und gerade um diese Zeit waren die ersteren besonders zahlreich, da Scharen von entlassenen Soldaten im Lande umherstreiften. Es wird daher nicht ungewöhnlich scheinen, dass auch die Ritter von einer Bande dieser Herumstreifer, mitten im Walde, angefallen wurden. Die Angegriffenen verteidigten sich sehr tapfer, waren aber fast übermannt, als des Grafen Gefolge zu ihrem Beistand herzukam. Bei ihrem Anblick nahmen die Räuber die Flucht; der Graf hatte indessen bereits eine tödliche Wunde erhalten. Man brachte ihn langsam und vorsichtig nach Würzburg zurück, und rief, aus einem benachbarten Kloster, einen Mönch zu Hilfe, der seiner Heilkunde für Leib und Seele wegen in gleich großem Ruf stand; allein die Hälfte seines Wissens war unnütz; die Augenblicke des unglücklichen Grafen waren gezählt.

Mit seinem letzten Atemzug bat er seinen Freund sich sogleich nach dem Schloss von Landshort zu begeben, um dorthin die Nachricht von dem Vorfall zu bringen, der ihn an der Erfüllung seines Versprechens hinderte. Obgleich nicht der leidenschaftlichste Liebhaber, war er doch einer der pünktlichsten Menschen, und es schien ihm äußerst viel daran zu liegen, dass diese Sendung schnell und gehörig ausgerichtet werde. »Geschieht dies nicht,« sagte er: »so werde ich nicht ruhig in meinem Grab schlafen!« Er wiederholte diese letzteren Worte mit besonderer Feierlichkeit. Eine, in einem so bedeutsamen Augenblicke getane Bitte ließ kein Zaudern zu. Starkenfaust suchte den Grafen zu beruhigen, versprach, seinen Wünschen getreulich nachzukommen, und gab ihm seine Hand zum feierlichen Pfand. Der Sterbende drückte sie, in dankbarer Anerkennung, verfiel aber bald in Geistesabwesenheit – sprach von seiner Braut – seiner Verbindung – seinem gegebenen Worte; befahl, dass man ihm sein Pferd bringen solle, damit er nach dem Schloss von Landshort reiten könne, und gab in dem Augenblick seinen Geist auf, wo er sich in den Sattel zu schwingen glaubte.

Starkenfaust weihte dem frühzeitigen Tod seines Waffengefährten einen Seufzer und eines Kriegers Träne, und dachte dann über den bedenklichen Auftrag nach, den er auszurichten übernommen hatte. Sein Herz war schwer, und sein Kopf ungewiss; denn er sollte, ein ungebetener Gast, sich feindlich gesinnten Leuten vorstellen und mit einer Nachricht, welche ihre Hoffnungen vereiteln musste, ihre Freude stören. Indes regte sich bei ihm doch ein Gefühl von Neugierde, die weitberühmte Schönheit von Katzenellenbogen zu sehen, die den Augen der Welt so sorgsam entzogen wurde; denn er war ein leidenschaftlicher Bewunderer des schönen Geschlechts, und es lag in seinem Charakter eine Hinneigung zum Außerordentlichen und ein Unternehmungsgeist, die ihm einen großen Gefallen an jedem Abenteuer einflößten.

Vor seiner Abreise nahm er mit der heiligen Brüderschaft des Klosters die nötige Abrede wegen des Begräbnisses seines Freundes, der im Dom zu Würzburg neben einigen seiner erlauchten Verwandten beigesetzt werden sollte. Das trauernde Gefolge des Grafen übernahm die Aufsicht über seine irdischen Überbleibsel.

Es ist jetzt hohe Zeit, zu der alten Familie von Katzenellenbogen, welche mit Ungeduld auf den Gast, und mit noch größerem Verlangen, auf das Mittagsessen wartete, und zu dem würdigen kleinen Baron zurückzukehren, den wir auf dem Wartturm, frische Luft schöpfend, verließen.

Die Nacht brach an, aber immer noch erschien kein Gast. In Verzweiflung stieg der Baron vom Turm herab. Das Gastmahl, welches von Stunde zu Stunde verzögert worden war, konnte nicht länger verschoben werden. Die Speisen waren bereits verdorben; der Koch in Todesangst; und die ganze Hausgenossenschaft sah aus, wie eine durch Hunger zur Übergabe gebrachte Besatzung. Der Baron sah sich gezwungen, das Fest ohne die Gegenwart des Gasts beginnen zu lassen. Alle setzten sich an den Tisch und waren eben im Begriff anzufangen, als der Klang eines Horns von außen die Ankunft eines Fremden meldete. Ein zweiter langgezogener Ton erfüllte die alten Burghöfe, und der Widerhall wurde von dem Turmwart beantwortet. Der Baron eilte, seinen künftigen Schwiegersohn zu empfangen.

Die Zugbrücke war herabgelassen worden und der Fremde hielt vor dem Tor. Es war ein schlanker, stattlicher Ritter auf einem schwarzen Ross. Sein Gesicht war bleich, aber er hatte ein glänzendes, schwärmerisches Auge und den Ausdruck edler Schwermut. Der Baron fühlte sich etwas beleidigt, dass er so einfach und allein daher gekommen sei. Seine Würde war einen Augenblick gekränkt, und er fühlte sich geneigt, dies als einen Mangel an gehöriger Ehrfurcht bei dieser wichtigen Gelegenheit und gegen die bedeutende Familie anzusehen, mit welcher der Bräutigam sich verbinden sollte. Er beruhigte sich indessen mit der Betrachtung, dass es jugendliche Ungeduld gewesen sei, welche ihn vermocht habe, seinem Gefolge vorauszueilen.

»Es tut mir leid«, sagte der Fremde, »hier zu so ungelegener Zeit zu überraschen« –

Hier unterbrach ihn der Baron mit einer Flut von Komplimenten und Begrüßungsworten, denn, die Wahrheit zu sagen, er bildete sich auf seine Höflichkeit und Beredsamkeit etwas ein. Der Fremde versuchte ein oder zweimal, den Strom seiner Rede zu hemmen, allein vergebens; er neigte also den Kopf, und ließ ihn dahin rauschen. In dem Augenblick, wo der Baron zu einer kleinen Pause gekommen war, hatten sie den inneren Schlosshof erreicht und der Fremde wollte so eben wieder anfangen zu reden, als er abermals durch die Erscheinung der weiblichen Mitglieder der Familie unterbrochen wurde, welche die zaudernde und errötende Braut herbeiführten. Er blickte diese einen Augenblick wie ein Verzückter an; es schien, als ob seine ganze Seele sich in einem einzigen Blick ergösse und auf der lieblichen Form verweile. Eine von den Basen flüsterte ihr etwas ins Ohr; sie machte einen Versuch zu sprechen; ihr feuchtes, blaues Auge erhob sich schüchtern; sie warf einen scheuen, forschenden Blick auf den Fremden, und schlug es wieder nieder. Die Worte erstarrten ihr auf den Lippen; allein ein sanftes Lächeln umschwebte diese, und die Grübchen auf ihren Wangen zeigten, dass ihr Blick nicht unbefriedigt geblieben sei. Es war unmöglich, dass einem Mädchen von achtzehn Jahren, für Liebe und Heirat bereits gestimmt, ein solcher Kavalier nicht gefallen hätte.

Der Gast war spät angekommen, und alles weitere Reden wurde dadurch aufgehoben. Der Baron entschied, und verschob alle weiteren Unterredungen auf Morgen, und ging voran zu dem noch unberührten Gastmahl.

Dies ward in dem großen Rittersaal der Burg aufgetragen. An den Wänden umher hingen die Bilder der Helden aus dem Hause Katzenellenbogen, und die Siegeszeichen, welche sie in Schlachten und auf der Jagd davon getragen. Zerhackte Panzerhemden, gesplitterte Turnierlanzen und zerrissene Banner waren mit der Beute der Jagd vermischt; die Wolfsrachen und Eberhauer blinkten grässlich zwischen Armbrüsten und Streitäxten hindurch, und ein gewaltiges Hirschgeweih zweigte sich unmittelbar über dem Haupt des jugendlichen Bräutigams auseinander.

Der Kavalier gab auf die Gesellschaft oder das Mahl selbst nur sehr wenig Acht. Er genoss fast nichts, sondern schien in Bewunderung seiner Braut versunken. Er sprach so leise mit ihr, dass man nichts von dem, was er sagte, verstehen konnte – denn die Sprache der Liebe ist nie laut; aber wo gibt es ein so stumpfes weibliches Ohr, das nicht das leiseste Flüstern derselben auffasste? Es lag ein Gemisch von Zärtlichkeit und Ernst in seiner Art und Weise, das auf die junge Dame einen mächtigen Einfluss zu haben schien. Während sie mit gespannter Aufmerksamkeit zuhörte, kam und wich ihre Gesichtsfarbe. Zuweilen antwortete sie errötend, und wenn sich sein Auge von ihr abwandte, warf sie einen verstohlenen Blick auf sein romantisches Gesicht, und ein leichter Seufzer zärtlicher Glückseligkeit hob ihre Brust. Es war klar, dass das junge Paar ganz in einander verliebt war. Die Basen, tief in die Geheimnisse des Herzens eingeweiht, erklärten, dass beide bei dem ersten Blicke sich geliebt hätten.

Das Fest wurde sehr fröhlich, oder doch wenigstens mit großem Geräusch fortgesetzt, denn die Gäste waren sämtlich mit jener derben Esslust gesegnet, welche von leichten Börsen und Bergluft unzertrennlich ist. Der Baron erzählte seine besten und längsten Geschichten, und nie hatte er sie so gut oder mit so großer Wirkung erzählt. War irgendetwas Wunderbares darin, so waren seine Zuhörer ganz voll Erstaunen, und war irgendetwas Scherzhaftes darin, so lachten sie gewiss zur rechten Zeit. Der Baron stand freilich wie die meisten großen Männer zu hoch, um andere als sehr schale Scherze zu machen; allein jeder derselben war mit einem vollen Glas vortrefflichen Hochheimers gewürzt, und selbst ein schwerfälliger Scherz wirkt, mit gutem alten Wein vorgesetzt, unwiderstehlich.

Ärmere und schlauere Witzlinge sagten manches, das sich nur etwa bei ähnlichen Gelegenheiten wiederholen lassen dürfte; den Frauen ward mancher kecke Scherz in die Ohren geflüstert, worüber sie, bei unterdrücktem Lachen, beinahe ersticken wollten; und ein armer, aber lustiger, dickköpfiger Vetter des Barons sang ein paar Lieder, bei denen sich die Basen durchaus die Fächer vorhalten mussten.

Bei all diesem lustigen Treiben behauptete der fremde Gast einen höchst sonderbaren und unzeitigen Ernst. Je tiefer es in die Nacht ging, desto düsterer ward seine Miene, und so seltsam es auch scheinen mag, selbst die Scherze des Barons schienen ihn nur noch schwermütiger zu machen. Zuweilen war er in Gedanken verloren, zuweilen deutete das verstörte, rastlose Umherirren seines Auges auf ein unruhig bewegtes Gemüht. Seine Unterhaltungen mit der Braut wurden immer ernster und geheimnisvoller. Dichte Wolken umhüllten die schöne Heiterkeit ihrer Stirn und ein leises Zittern begann ihre zarten Glieder zu durchzucken.

Alles dies konnte der Aufmerksamkeit der Gesellschaft nicht entgehen. Ihre Fröhlichkeit ward durch die unerklärliche

Düsterkeit des Bräutigams erstickt; diese steckte an; man flüsterte miteinander und warf sich Blicke zu, die von Achselzucken und zweifelhaftem Kopfschütteln begleitet waren. Gesang und Lachen wurden seltener und seltener, und es entstanden öde Pausen in der Unterhaltung, welchen endlich fantastische Erzählungen und Legenden von übernatürlichen Dingen folgten. Eine traurige Geschichte veranlasste die andere noch traurigere, und der Baron brachte die Damen beinahe zu Krämpfen durch die Geschichte von dem gespenstischen Reiter, der die schöne Leonore entführte; eine schreckliche, aber wahre Geschichte, welche seitdem in vortreffliche Verse gebracht worden ist, und an die alle Welt glaubt.

Der Bräutigam hörte diese Erzählung mit gespannter Aufmerksamkeit an. Er hielt seine Augen fest auf den Baron geheftet, begann, als die Geschichte zu Ende ging, allgemach von seinem Sitz aufzustehen, und ward immer größer und größer, bis er, in des Barons verzücktem Auge, beinahe Riesengröße zu erreichen schien. In dem Augenblick, wo die Erzählung geendigt war, stieß er einen tiefen Seufzer aus, und nahm von der Gesellschaft feierlich Abschied. Alles war erstaunt. Der Baron war vollkommen wie vom Donner gerührt.

»Wie! um Mitternacht das Schloss verlassen? Wie, da alles zu seinem Hierbleiben eingerichtet, und ein Gemach für ihn bereit ist, wenn er sich zurückzuziehen wünscht?«

Der Fremde schüttelte düster und geheimnisvoll den Kopf: »ich muss mich diese Nacht in einem anderen Gemach betten!«

Es lag etwas in dieser Antwort und in dem Ton, womit sie gegeben wurde, was des Barons Herz erbeben machte, allein er fasste sich und wiederholte seine gastfreundliche Einladung.

Der Fremde schüttelte bei diesem Antrage schweigend, aber entschieden, den Kopf, und der Gesellschaft ein Lebewohl zuwinkend, schritt er langsam aus der Halle. Die Basen waren durchaus versteinert – die Braut ließ den Kopf hängen und eine Träne schlich sich in ihr Auge.

Der Baron folgte dem Fremden in den großen Hof des Schlosses, wo das schwarze Streitross stand, mit dem Fuß scharrend und voll Ungeduld schnaubend. – Als sie das Portal erreicht hatten, dessen tiefer Bogen durch ein Feuerbecken nur schwach erhellt wurde, blieb der Fremde stehen und redete den Baron mit einer hohlen Stimme an, welche in dem Gewölbe nur noch grabähnlicher klang.

»Nun, da wir allein sind«, sagte er, »will ich Euch die Ursache meines Weggehens mitteilen. Ich habe eine feierliche, eine unauflösliche Verpflichtung –«

»Nun, könnt Ihr nicht«, sagte der Baron, »irgendjemanden an Eurer Stelle senden?«

»Sie lässt keinen Stellvertreter zu – ich muss in eigner Person erscheinen – ich muss fort, in den Dom zu Würzburg« –

»Ja«, sagte der Baron, indem er sich ein Herz fasste, »aber nicht eher als morgen – morgen sollt Ihr Eure Braut dahin führen.«

»Nein! nein!«, erwiderte der Fremde, mit zehnfacher Feierlichkeit: »ich bin keiner Braut verpflichtet – die Würmer! die Würmer erwarten mich! ich bin tot – Räuber haben mich erschlagen – mein Körper liegt in Würzburg – um Mitternacht soll ich zur Erde bestattet werden – das Grab erwartet mich – ich muss mich einstellen!«

Er schwang sich auf sein schwarzes Streitross, sprengte über die Zugbrücke, und der Klang der Hufe verlor sich im Pfeifen des Nachtwindes.

Der Baron kehrte, in der äußersten Bestürzung, in den Saal zurück, und erzählte, was vorgefallen war. Zwei Damen fielen sogleich in Ohnmacht, und anderen ward wehe bei dem Gedanken, mit einem Gespenst geschmaust zu haben. Einige meinten, es sei der in den deutschen Sagen berühmte wilde Jäger gewesen, Andere sprachen von Berg- oder Waldgeistern und anderen überirdischen Wesen, mit welchen die guten Deutschen seit undenklichen Zeiten so sehr geplagt sind. Einer von den armen Verwandten wagte es zu äußern, das Ganze sei wohl ein scherzhafter Ausweg des jungen Kavaliers gewesen, und selbst das düstere dieses Einfalls passe zu dem finstern Wesen des Mannes. Allein diese Äußerung machte den Unwillen der ganzen Gesellschaft, und besonders den des Barons rege, der ihn geradezu wie einen Ungläubigen behandelte, sodass er gern so schnell als möglich seine Ketzerei abschwor und sich an die wahren Gläubigen anschloss.

Welche Zweifel man aber auch gehabt haben mochte, so wurden sie am folgenden Tag durch die, auf regelmäßigem Wege anlangenden Nachrichten, welche die Ermordung des jungen Grafen und seine Beisetzung im Dom von Würzburg bestätigten, vollkommen widerlegt.

Man kann sich leicht die Angst in dem Schloss denken. Der Baron verschloss sich in sein Zimmer. Die Gäste, welche hergekommen waren, sich mit ihm zu freuen, konnten ihn doch nicht wohl in den Stunden seiner Trauer verlassen. Sie wandelten auf den Höfen umher, oder sammelten sich in Gruppen, im Saal, schüttelten die Köpfe oder zuckten die Achseln über das Unglück eines so guten Mannes, und saßen länger zu Tisch und aßen und tranken wackerer als je, um sich bei gutem Mute zu erhalten. Am bedauerungswürdigsten war aber die Lage der verlassenen Braut. Einen Gatten verloren zu haben, ehe sie ihn nur einmal umarmt – und solch einen Gatten! War das Gespenst schon so edel und angenehm, wie musste der lebende Mann gewesen sein? Sie erfüllte das Haus mit Klagen.

In der zweiten Nacht ihres Witwentums hatte sie sich in ihr Zimmer zurückgezogen, begleitet von einer ihrer Basen, welche darauf bestand, mit ihr in einem Gemach zu schlafen. Die Base, eine der besten Geistergeschichten-Erzählerinnen in Deutschland, hatte grade eine ihrer längsten aufgetischt, und war mitten in derselben eingeschlafen. Das Zimmer war abgelegen, und hatte die Aussicht auf einen kleinen Garten. Die Nichte lag gedankenvoll und blickte auf die Strahlen des aufgehenden Mondes hin, wie sie auf den Blättern einer Espe zitterten, die vor dem Fenster stand. Die Schlossuhr hatte soeben die Stunde der Mitternacht verkündigt, als eine sanfte Musik aus dem Garten herauf ertönte. Sie sprang eilig aus dem Bett und trat leise an das Fenster. Eine schlanke Gestalt stand im Schatten der Bäume. Als sie den Kopf erhob, fiel ein Strahl des Mondlichts auf ihr Gesicht. Himmel und Erde! sie sah den Geister-Bräutigam! In diesem Augenblick hörte sie einen lauten Schrei hinter sich, und ihre Base, die von der Musik erwacht, und ihr stillschweigend nach dem Fenster gefolgt war, fiel ihr in die Arme. Als sie wieder hinblickte, war das Gespenst verschwunden.

Von den beiden Frauenzimmern bedurfte die Base jetzt

am meisten Ermutigung, sie war vor Schreck ganz außer sich. Was die junge Dame betraf, so war selbst mit dem Geist ihres Geliebten noch etwas verknüpft, das ihr erfreulich schien. Der Anschein männlicher Schönheit war stets noch da; und obgleich der Schatten eines Mannes wenig gemacht ist, die Gefühle eines liebeskranken Mädchens zu beschwichtigen, so ist doch selbst dies, wenn der wirkliche Geliebte fern ist, noch tröstend genug. Die Base erklärte, dass sie nie wieder in diesem Zimmer schlafen, die Nichte, diesmal widerspenstig, erklärte fest, dass sie in keinem anderen des Schlosses schlafen würde. Natürlich musste sie nun allein bleiben; vorher ließ sie sich aber von der Base das feierliche Versprechen geben, die Geschichte von dem Geist niemand zu erzählen, damit ihr nicht der einzige, traurige, auf Erden noch gebliebene Trost geraubt würde – den, das Zimmer zu bewohnen, in dessen Nähe der schützende Schatten ihres Geliebten wache.

Es ist ungewiss, wie lange die gute alte Dame dies Geheimnis bewahrt haben würde, denn sie sprach gern von wunderbaren Begebenheiten, und es liegt immer ein stiller Triumph darin, der Erste zu sein, der eine schauderhafte Geschichte vorträgt; man führt es indessen in der Gegend noch immer als ein merkwürdiges Beispiel weiblicher Verschwiegenheit an, dass sie das Geheimnis eine ganze Woche bewahrte, nach deren Verlauf sie alles weiteren Zwangs durch die Nachricht überhoben wurde, welche des Morgens beim Frühstück gebracht ward, dass die junge Dame nirgends zu finden sei. Ihr Zimmer war leer – ihr Bett unberührt – das Fenster war offen und der Vogel davongeflogen.

Das Erstaunen und den Schrecken, welche diese Nachricht erregte, können sich nur diejenigen denken, welche den Eindruck beachtet haben, den das Unglück eines großen Mannes unter seinen Freunden hervorbringt. Selbst die armen Verwandten ließen Messer und Gabel einen Augenblick von der unermüdlichen Arbeit des Zerlegens ruhen; auf einmal aber rang die Base, die bis dahin starr dagestanden hatte, die Hände und kreischte: »das Gespenst! das Gespenst! sie ist von dem Gespenst entführt worden.«

Mit wenigen Worten erzählte sie nun den furchtbaren Auftritt im Garten, und schloss mit der Behauptung, dass das Gespenst seine Braut hinweggeführt haben müsse. Zwei von den Bedienten bestätigten diese Aussage, denn sie hatten um Mitternacht das Geklapper von Pferdehufen den Berg hinab gehört, und zweifelten nicht, dass es das Gespenst auf seinem schwarzen Ross gewesen, das seine Braut zum Grab hinweggeschleppt habe. Alle Anwesenden fühlten das grässlich Wahrscheinliche dieser Aussage; denn Begebenheiten dieser Art sind in Deutschland überaus gewöhnlich, wie dies manche sehr echte Geschichten beweisen.

Welche traurige Lage für den armen Baron! welche herzzerreißende Betrachtungen mussten sich nicht einem liebenden Vater und einem Glied der großen Familie von Katzenellenbogen aufdringen! Seine einzige Tochter verschloss entweder das Grab, oder er bekam irgendeinen Waldgeist zum Schwiegersohn, und vielleicht dereinst einen ganzen Haufen von Geisterenkeln. Wie gewöhnlich, machte ihn dies alles vollständig verwirrt, und das ganze Schloss geriet darüber in Aufruhr und Bewegung. Alle männliche Bedienten mussten aufsitzen und jeden Weg und Steg im Odenwald durchstreifen; der Baron selbst hatte soeben seine Reisestiefel angezogen, sein Schwert umgegürtet, und war im Begriff,

sein Ross zu besteigen, um ebenfalls auf Nachforschung aus-
zugehen, als eine neue Erscheinung der Sache eine andere
Wendung gab. Man sah eine Dame sich dem Schloss nähern,
die auf einem Zelter ritt, und von einem Kavalier zu Pferde
begleitet wurde. Sie galoppierte zum Tor hinauf, sprang vom
Pferd, warf sich zu den Füßen des Barons und umfasste seine
Knie. Es war seine verlorene Tochter, und ihr Gefährte – der
Geister-Bräutigam. Der Baron konnte vor Erstaunen nicht
zu sich kommen. Er blickte auf seine Tochter, dann auf den
Geist, und konnte beinahe seinen Sinnen nicht trauen. Der
Letztere hatte sich indes wunderbar zu seinem Vorteil verändert, seit er seinen Besuch in der Geisterwelt abgestat-
tet. Sein Anzug war glänzend, und seine Gestalt erschien
darin im schönsten Ebenmaß. Er war nicht mehr bleich
und schwermütig. Auf seinem schönen Gesicht strahlte der
Glanz der Jugend, und die Freude lachte in seinem großen
dunklen Auge.

Das Geheimnis war bald aufgeklärt. Der Kavalier (denn,
wahrlich, Ihr müsst doch alle schon längst gemerkt haben,
dass es kein Geist war) kündigte sich als den Freiherrn Hermann von Starkenfaust an. Er erzählte sein Abenteuer mit
dem jungen Grafen. Er sagte, wie er nach dem Schloss ge-
eilt sei, um die schlimme Botschaft zu überbringen, wie aber
die Beredsamkeit des Barons jeden seiner Versuche, seine
Geschichte zu erzählen, vereitelt habe. Wie der Anblick der
Braut ihn so ganz bezaubert, dass, um einige Stunden in ihrer
Nähe zuzubringen, er stillschweigend den Irrtum habe fort-
dauern lassen. Er habe jedoch nicht gewusst, wie er sich auf
eine anständige Art zurückziehen solle, bis des Barons Geistergeschichten ihn auf den Gedanken seines ungewöhnlichen

Abzugs gebracht habe. Die angeerbte Feindschaft der Familien erwägend, habe er seine Besuche heimlich wiederholt – den Garten unter dem Fenster der jungen Dame durchstreift – geworben – gewonnen – sie im Triumph davon geführt – und mit einem Wort, die Schöne geehelicht.

Unter anderen Umständen würde der Baron unerbittlich gewesen sein, denn er hielt sehr auf väterliches Ansehen, und verfocht Familienfehden mit gehöriger Hartnäckigkeit; allein er liebte seine Tochter; er hatte sie für verloren gehalten; er freute sich, sie wieder lebend zu finden, und ihr Gatte war, wenn gleich aus einem feindlichen Haus, doch, dem Himmel sei's gedankt, kein Gespenst. Es lag allerdings in dem Scherz, den der Ritter mit ihm getrieben, sich gegen ihn für einen Toten auszugeben, etwas, das mit seinen Begriffen von strenger Wahrheitsliebe nicht so recht zusammenpassen wollte; allein mehrere alte anwesende Freunde, welche mit im Krieg gewesen waren, versicherten ihn, dass in der Liebe sich jede Kriegslist entschuldigen lasse, und dass der Kavalier umso mehr dazu berechtigt gewesen sei, diese zu brauchen, da er kürzlich als Anführer eines Reiterhaufens gedient habe.

Es ward daher alles auf das Beste ausgeglichen. Der Baron verzieh dem jungen Paar auf der Stelle. Die Festlichkeiten auf dem Schloss begannen aufs Neue, die armen Verwandten überhäuften das neue Familienglied mit liebender Zärtlichkeit; es war ja so wacker, so großmütig und – so reich. Die Basen ärgerten sich allerdings ein wenig, dass ihr System der strengen Abgeschiedenheit und des Gehorsams sich so schlecht bewährt habe, schrieben aber alles ihrer Nachlässigkeit zu, dass sie die Fenster nicht vergittern lassen. Eine von ihnen fühlte sich besonders gekränkt, dass ihre wunderbare Geschichte so ganz verdorben, und das einzige Gespenst, das sie in ihrem Leben gesehen, ein unechtes gewesen sei; aber die Nichte schien vollkommen zufrieden zu sein, dass sie das Gespenst aus wirklichem Fleisch und Blut bestehend gefunden – und so endigte die Geschichte.

Rip van Winkle

Die folgende Erzählung fand sich unter den Papieren des verstorbenen Dietrich Knickerbocker, eines alten Herrn aus New York, welcher sich sehr angelegentlich mit der holländischen Geschichte der Provinz, und den Sitten der Abkömmlinge von den ersten Ansiedlern in derselben, beschäftigte. Seine historischen Untersuchungen erstreckten sich jedoch nicht sowohl auf Bücher, als auf Menschen; denn die ersteren sind kläglich arm in Betreff seiner Lieblingsgegenstände; während er die alten Bürger, und mehr noch deren Frauen, reich an jenen alten Sagen fand, welche für die wahre Geschichte so unschätzbar sind. Wo immer er daher auf eine echte holländische Familie stieß, welche engbegrenzt in ihrem Wohnhaus mit dem niedrigen Dach unter einem ausgedehnten Sykamor-Baum abgeschlossen lebte, betrachtete er diese wie ein kleines, mit Klausuren versehenes und mit gotischer Schrift gedrucktes Buch, und studierte sie mit dem Eifer eines wahren Bücherwurms.

Das Ergebnis all dieser Untersuchungen war eine Geschichte der Provinz unter der Regierung holländischer Gouverneure, welche er vor einigen Jahren herausgegeben hat. Man äußerte über den literarischen Charakter dieses Werks verschiedene Meinungen, und es ist, die Wahrheit zu gestehen, nicht um einen Deut besser, als es sein soll. Sein Hauptverdienst ist seine gewissenhafte Treue, die man in der Tat bei seinem ersten Erscheinen etwas bezweifeln wollte, die aber seitdem vollständig hergestellt worden ist; man hat es gegenwärtig in allen historischen Sammlungen als ein Werk von unverdächtiger Glaubwürdigkeit aufgenommen.

Der alte Herr starb kurz nach der Herausgabe seines Werks, und jetzt, da er gestorben und dahin ist, kann es wohl seinem Andenken nicht viel Schaden bringen, wenn man sagt, dass seine Zeit auf bedeutendere Arbeiten hätte verwendet werden können. Er war indessen der Mann, der sein Steckenpferd auf seine eigene Weise reiten konnte, und ob es gleich hie und da den Staub ein wenig in die Augen seiner Nachbarn jagte, und dem Stolz einiger Freunde wehe tat, für welche er die wahrhafteste Verehrung und Liebe fühlte: so gedenkt man seiner Irrtümer und Torheiten doch »mehr mit Bedauern als mit Unwillen«, und fängt an, zu vermuten, dass er nie die Absicht hatte, jemanden zu nahe zu treten oder zu beleidigen. Wie indessen auch sein Gedächtnis von den Kritikern gewürdigt werden mag, so bleibt es doch noch manchen Leuten teuer, deren gute Meinung nicht ganz zu verachten ist, vorzüglich gewissen Kuchen-Bäckern, die so weit gegangen sind, dass sie sein Bild auf ihren Neujahrs-Kuchen gebracht haben, und ihn vielleicht ebenso unsterblich machen, als ob es auf eine Waterloo-Medaille oder auf einen Heller der Königin Anna geprägt wäre.

Rip van Winkle

Bei Wodan, Gott der Sachsen,
Von welchem Wednesday, Wodanstag noch stammt,
Die Wahrheit ist ein Ding, an dem ich halte,
Bis zu dem Tag, wo in mein Grab hinunter
Ich krieche.

Cartwright

Wer je eine Reise am Hudson hinauf gemacht hat, muss sich der Kaatskill-Berge erinnern. Sie sind ein abgerissener Zweig des großen Stamms der Appalachen, und man kann sie nach der westlichen Seite des Flusses hin sehen, wie sie sich zu einer stattlichen Höhe erheben und das umherliegende Land beherrschen. Jeder Wechsel der Jahreszeit, jede Veränderung des Wetters, ja, man kann sagen, jede Stunde des Tages, bringt eine Veränderung in den zauberischen Farben und Gestalten dieser Berge hervor, und alle Hausfrauen, weit und breit, sehen sie als vollkommene Barometer an. Ist das Wetter gut und beständig, so sind sie in Blau und Purpur gekleidet, und drücken ihre kühnen Umrisse an dem klaren Abendhimmel ab; oft aber, wenn keine Wolke die ganze übrige Landschaft verdüstert, sammeln sie um ihre Gipfel einen Kranz grauer Dünste, welcher in den letzten Strahlen der untergehenden Sonne wie eine Strahlenkrone glüht und glänzt.

Vielleicht hat der Reisende an dem Fuß dieser Feenberge den sanft sich kräuselnden Rauch auf den Schornsteinen eines Dorfs bemerkt, dessen Schindeldächer gerade da, wo die blauen Tinten der Anhöhen in das frische Grün der näheren Landschaft verfließen, aus den Bäumen hervorglänzen. Es ist ein kleines Dorf von hohem Alter, das von einigen der holländischen Kolonisten in den frühesten Zeiten der Provinz, gerade um den Anfang der Regierung des guten Peter Stuyvesant (der in Frieden ruhen möge!) gegründet wurde, und noch vor wenigen Jahren standen einige Häuser der ursprünglichen Anbauer da, welche aus kleinen gelben aus Holland noch mit herübergebrachten Backsteinen erbaut waren, mit Jalousien und Vordergiebeln, auf denen Wetterhähne thronten.

In diesem Dorf, und in einem der soeben genannten Häuser (das, geradezu gesagt, sehr verfallen und verwittert war) wohnte vor manchen Jahren, während das Land noch eine Provinz von England war, ein einfältiger, gutmütiger Mensch, Rip van Winkle genannt. Er war ein Abkömmling der van Winkle, welche in den ritterlichen Tagen Peter Stuyvesants sich so hochherzig bewiesen, und ihn zu der Belagerung von Fort Christian begleitet hatten. Von dem kriegerischen Charakter seiner Ahnen hatte er jedoch nur wenig geerbt. Ich habe bemerkt, dass er ein einfältiger gutmütiger Mensch war; überdies hatte er aber auch die Eigenschaft eines guten Nachbars und eines gehorsamen, dem Pantoffel unterworfenen Ehemanns. In der Tat, dem letzteren Umstand dürfte auch wohl die Sanftmut des Geistes, welche ihn so allgemein beliebt gemacht hatte, am meisten beizumessen gewesen sein; denn diejenigen Männer, welche zu Hause unter der Zucht des Pantoffels stehen, sind außer demselben immer sehr nachgiebig und friedlich. Ohne Zweifel wird ihr Charakter in dem feurigen Ofen häuslicher Plage geschmeidig und biegsam gemacht, und eine Gardinenpredigt wiegt alle Predigten in der Welt auf, wenn es darauf ankommt, die Tugenden der Geduld und eines langen Leidens zu lehren. Eine böse Sieben kann daher, in gewisser Hinsicht, als ein erträglicher Segen angesehen werden, und wenn das ist, so war Rip van Winkle dreifach gesegnet.

Soviel ist gewiss, dass er ein großer Liebling der Hausfrauen im Dorf war, die, wie es bei dem schönen Geschlecht gewöhnlich der Fall ist, bei den Familienzänkereien jedes Mal seine Partei nahmen, und niemals, wenn sie bei ihren Abendunterhaltungen diese Dinge besprachen, zu verfehlen pflegten, alle Schuld auf die Frau van Winkle zu schieben. Auch die Kinder im Dorf jauchzten vor Freuden, sobald er sich näherte. Er stand ihnen bei ihren Spielen bei, machte ihnen Spielsachen, lehrte sie Drachensteigen und Murmelspielen, und erzählte ihnen lange Geschichten von Geistern, Hexen und den Ureinwohnern Nordamerikas. Wo er nur im Dorf umherschlenderte, war er auch von einem Haufen derselben umgeben, die an seinen Rockschößen hingen, ihm auf dem Rücken saßen, und ihm, ungestraft, tausend kleine Streiche spielten; und nicht ein Hund in der ganzen Gegend hätte ihn angebellt.

Der große Fehler in Rips Charakter war eine unüberwindliche Abneigung gegen alle Arten von erklecklicher Arbeit. Nicht, dass es ihm an Fleiß oder Beharrlichkeit gefehlt hätte; denn er konnte auf einem feuchten Felsen mit einer Angelrute, so lang und schwer als eine Tatarlanze, sitzen und den ganzen Tag ohne Murren angeln, selbst, wenn ihm auch nicht ein einziger Gründling neuen Mut gab. Er konnte Stunden lang eine Vogelflinte auf der Schulter tragen, durch Wälder und Moraste, Berg auf und Tal ab trollen, um einige Eichhörnchen oder Waldtauben zu schießen. Er schlug es nie einem Nachbar ab, ihm bei den schwersten Arbeiten zu helfen, und war immer voran bei allen ländlichen Ergötzlichkeiten, wenn es Welschkorn auszuhülsen oder steinerne Einfriedungen aufzubauen gab; auch pflegten ihn die Frauen im Dorf dazu zu gebrauchen, ihre Gänge zu machen und allerhand kleine Dienste zu verrichten, zu welchen ihre weniger gefälligen Ehemänner nicht geneigt waren. Mit einem Wort, Rip war bereit zu aller Leute Geschäften, nur nicht zu seinen eigenen; denn seine häusliche Pflicht zu tun und seine Besitzung in Ordnung zu halten, das fand er unmöglich.

Er erklärte in der Tat, es sei unnötig, wenn er auf seinem Hof arbeite: es sei das schändlichste kleine Stück Grund in dem ganzen Land; alles darauf gehe verkehrt und würde verkehrt gehen, was er auch tun möge. Seine Zäune fielen beständig zusammen; seine Kuh verlief sich entweder oder geriet in den Kohl; auf seinen Feldern wüchse das Unkraut gewiss schneller als irgendwo anders; der Regen mache sich ein Geschäft daraus immer dann zu kommen, wenn er irgendetwas außer dem Hause zu tun habe; sodass, obgleich sein väterliches Erbgut, Morgen für Morgen, unter seinen Händen hinweg geschmolzen war, bis wenig mehr als ein bloßer Fleck für Welschkorn und Kartoffeln übriggeblieben, selbst dieser als die schlechteste Besitzung in der ganzen Gegend angesehen werden konnte.

Auch seine Kinder waren so zerlumpt und wild, als ob sie niemandem angehörten. Sein Sohn Rip, ihm sehr ähnlich, versprach, mit den alten Kleidern des Vaters, auch seine Gewohnheiten zu erben. Man sah ihn gewöhnlich, wie ein Füllen, seiner Mutter auf der Ferse nachtraben, ausstaffiert mit einem Paar alter abgelegter Pluderhosen seines Vaters, die er, wie eine zierliche Dame bei schlechtem Wetter ihre Schleppe trägt, mit einer Hand empor zu halten, die größte Not hatte.

Rip van Winkle war indes einer von jenen glücklichen Sterblichen, von den törichten, gutgeölten Charakteren, welche die Welt auf die leichte Achsel nehmen, weißes oder schwarzes Brot essen, je nachdem sie eines oder das andere mit weniger Kopfbrechen oder Mühe bekommen können, und lieber bei einem Pfennig verhungern, als um einige Taler die Hand rühren. Wäre er sich selbst überlassen gewesen, so würde er in vollkommener Zufriedenheit das Leben durchgepfiffen haben; aber seine Frau lag ihm beständig wegen seiner Trägheit, seiner Sorglosigkeit und des Verderbens, das er über seine Familie brachte, in den Ohren. Morgens, nachmittags und abends war ihre Zunge stets in Bewegung, und alles, was er sagte oder tat, verursachte ihm gewiss einen Strom häuslicher Beredsamkeit. Rip hatte nur eine Art, auf all dergleichen Predigten zu antworten, und diese war ihm, durch den häufigen Gebrauch, zur Gewohnheit geworden. Er zuckte die Achseln, schüttelte seinen Kopf, schlug seine Augen gen Himmel, aber er sagte nichts. Dies zog ihm jedoch jedes Mal eine frische Ladung von seinem Weibe zu, sodass er froh war, seine Truppen zusammenzuziehen und das Freie zu gewinnen – der einzige Ort, auf dem ein unter dem Pantoffel stehender Ehemann sein eigner Herr ist.

Rips einziger Anhänger im Haus war sein Hund Wolf, der ebenso sehr als sein Herr unter dem Pantoffel stand; denn Frau van Winkle sah beide als Genossen im Nichtstun an, und schaute selbst auf Wolf mit bösen Augen, weil sie ihn für die Ursache der häufigen Abwege seines Herrn hielt. Wahr ist es, in allem, was man einem rechtlichen Hund zumuten kann, zeigte er sich als ein so beherztes Tier, wie je eins die Wälder durchstrichen – allein welcher Mut kann dem immerwährenden und alles überwältigenden Schrecken, den eine Weiberzunge einflößt, sich entgegenstellen? Sobald Wolf in das Haus trat, fiel sein Mut, er ließ den Schwanz sinken, oder nahm ihn zwischen die Läufe, schlich mit einem Galgengesicht umher, warf manchen Seitenblick auf Frau van Winkle, und bei dem kleinsten Geräusch eines Besenstiels oder einer Kochkelle flog er mit belfernder Eile nach der Tür.

Es wurde schlimmer und schlimmer mit Rip van Winkle, so wie die Jahre seines ehelichen Lebens sich mehrten; ein herbes Gemüht wird mit der Zeit nicht milder, und eine scharfe Zunge ist das einzige schneidende Werkzeug, welches durch beständigen Gebrauch schärfer wird. Lange Zeit pflegte er sich damit zu trösten, dass er, aus dem Hause getrieben, eine Art von ständigen Club der Weisen, Philosophen und anderer Müßiggänger des Dorfes besuchte, der seine Sitzungen auf einer Bank vor der Tür einer kleinen Schenke hielt, welche ein hochrotes Bildnisse Seiner Majestät Georgs des Dritten zum Schilde hatte. Hier pflegten sie in den langen faulen Sommertagen im Schatten zu sitzen, von Dorfgeklatsche durcheinander zu schwatzen, oder endlose schläfrige Geschichten über gar nichts zu erzählen. Indessen würde doch mancher Staatsmann Geld darum gegeben haben, hätte er die tiefsinnigen Erörterungen mit anhören können, die zuweilen auf die Bahn kamen, wenn ihnen zufällig eine alte Zeitung von einem durchkommenden Reisenden in die Hand fiel. Wie feierlich hörten sie dann auf den Inhalt, wie ihn Derrick van Bummel, der Schulmeister, herausstotterte, ein flinker, gelehrter, kleiner Bursche, der auch durch das riesenhafteste Wort in dem Wörterbuch nicht zu zähmen war; und wie weise beratschlagten sie dann über öffentliche Ereignisse, einige Monate nachdem sie stattgefunden hatten.

Die Aussprüche dieser Junta standen durchaus unter der Leitung des Nicolas Vedder, eines Patriarchen des Dorfs und Besitzers der Schenke, an deren Tür er vom Morgen bis Abend seinen Sitz nahm, dabei sich nur gerade so viel bewegend, als nötig war, die Sonne zu vermeiden und den Schatten eines großen Baums zu erreichen, sodass die Nachbarn nach seinen Bewegungen die Zeit so genau wissen konnten, wie nach einer Sonnenuhr. Es ist wahr, man hörte ihn selten sprechen, sondern er rauchte unaufhörlich. Seine Anhänger (denn jeder große Mann hat seine Anhänger) verstanden ihn indes vollkommen, und wussten, wie sie sich seiner Meinung zu vergewissern hatten. Wenn etwas, das ihm vorgelesen oder erzählt wurde, ihm missfiel, so sah man, wie er seine Pfeife heftig rauchte, und kurze, häufige, zornige Dampfwolken daraus fortblies: wenn es ihm aber gefiel, so zog er den Rauch langsam und ruhig ein, und blies ihn in leichten und friedlichen Wolken von sich; zuweilen nahm er wohl auch die Pfeife aus dem Mund, ließ den wohlriechenden Duft sich um seine Nase kräuseln, und nickte gravitätisch mit dem Kopf, zum Zeichen seiner vollkommenen Billigung.

Selbst aus diesem Bollwerk ward der unglückliche Rip am Ende von seinem zanksüchtigen Weib vertrieben, die plötzlich in die Ruhe der Versammlung einstürmte und den Mitgliedern derselben förmlich Hohn sprach; selbst die erhabene Person des Nicolas Vedder war vor der kühnen Zunge dieses gewaltigen Mannweibs nicht heilig genug, und sie beschuldigte ihn geradezu, ihren Mann in seinem Hang zur Trägheit zu bestärken.

Der arme Rip war endlich fast zur Verzweiflung gebracht, und die einzige Ausflucht, welche ihm blieb, um der Arbeit auf seinem Hof und den Scheltworten seines Weibs zu entgehen, war, dass er seine Flinte zur Hand nahm und in den Wald hinausschlenderte. Hier setzte er sich zuweilen am Fuß eines Baums nieder, und teilte den Inhalt seines Quersacks mit Wolf, mit dem er, als einem Leidensgenossen in der Verfolgung, gleiche Empfindungen hegte. »Armer Wolf«, sagte er dann, »deine Gebieterin lässt dich ein wahres Hundeleben führen; aber lass es gut sein, mein Junge, so lange ich lebe, soll es dir nicht an einem Freund fehlen, der dir beisteht!« Wolf wedelte dann mit dem Schwanz, sah seinen Herrn gedankenvoll an, und wenn anders Hunde Mitleid fühlen können, so glaube ich wahrhaft, dass er von ganzem Herzen seine Gefühle erwiderte.

Auf einem langen Spaziergang der Art an einem schönen Herbsttag, hatte Rip unbewusst einen der höchsten Teile der Kaatskill-Berge erklettert. Er ging seinem Lieblingsvergnügen, der Eichhornjagd, nach, und die stille Einsamkeit hallte und hallte von dem Krachen seiner Schüsse wider. Keuchend und ermüdet warf er sich spät am Nachmittag auf einen grünen, mit Bergkräutern bedeckten Vorsprung, welcher die

Spitze eines Abhangs krönte. Von einer Öffnung zwischen den Bäumen hindurch konnte er die ganze untere Gegend, mehrere Meilen fruchtbaren Holzlandes, übersehen. Er erblickte in der Entfernung den mächtigen Hudson, weit, weit unter ihm, still, aber majestätisch dahinströmen, und von Zeit zu Zeit eine Purpurwolke oder das Segel einer langsam dahin gleitenden Barke, welche hier und da auf der hellen Fläche zu schlafen schien, sich in ihm spiegeln; zuletzt entschwand sie in den blauen Hochlanden seinen Blicken.

Auf der andern Seite sah er nieder in eine tiefe Bergschlucht, wild, einsam und rau, die Tiefe mit Bruchstücken der überhängenden Klippen angefüllt, und nur spärlich von dem Widerschein der Strahlen der untergehenden Sonne beleuchtet. Einige Zeit lag Rip, über den Anblick in Nachdenken versunken da; der Abend brach allmählig herein; die Berge begannen ihre langen blauen Schatten über die Täler zu werfen; er sah, dass es lange dunkel werden würde, ehe er das Dorf erreichen könnte, und ein tiefer Seufzer entschlüpfte ihm, als er daran dachte, den Zorn der Frau van Winkle über sich ausbrechen zu sehen.

Indem er im Begriff war, herabzusteigen, hörte er eine Stimme in der Entfernung, welche ihm zurief: »Rip van Winkle! Rip van Winkle!« Er sah sich um, konnte aber nichts sehen, als eine Krähe, welche ihren einsamen Flug über die Berge hinnahm. Er glaubte, seine Fantasie habe ihn getäuscht, und drehte sich um, um hinabzusteigen, als er denselben Ruf durch die noch abendliche Luft erschallen hörte: »Rip van Winkle! Rip van Winkle!« Zu gleicher Zeit sträubte sich aber Wolfs Haar; er stieß ein dumpfes Gebrumm aus, schmiegte sich an seines Herrn Seite, und blickte furchtsam in die Schlucht. Rip fühlte sich jetzt von einem bangen Grauen erfasst; er blickte ängstlich nach derselben Richtung hin, und sah eine seltsame Gestalt langsam die Felsen herauf-klimmen, gebückt unter einer Last, die sie auf dem Rücken trug. Er war erstaunt, ein menschliches Wesen an diesem ein-samen, unbesuchten Orte zu sehen; da er aber glaubte, dass es jemand aus der Nachbarschaft sei, der seines Beistands von Nöten habe, so eilte er nieder, um ihm beizuspringen.

Als er näher kam, wuchs sein Staunen über das sonder-bare Aussehen des Fremden noch mehr. Es war ein kleiner, vierschrötiger alter Bursche, mit dickem buschigen Haar und grauem Bart. Seine Kleidung war nach dem alten holländi-schen Schnitt – eine Tuchjacke, um die Hüften gegürtet, – mehrere Paar Beinkleider, die äußeren sehr weit, mit Rei-hen von Knöpfen an den Seiten verziert und mit Schleifen an den Knien. Auf seiner Schulter trug er ein schweres Fäss-chen, das voll von geistigem Getränk zu sein schien, und gab Rip ein Zeichen, sich ihm zu nähern und ihm bei sei-ner Last behilflich zu sein. Obgleich Rip den neuen Bekann-ten gewissermaßen scheu und misstrauisch betrachtete, so willfahrte er doch mit seiner gewöhnlichen Dienstbeflissen-heit, und einander gegenseitig unterstützend, kletterten sie einen engen Hohlweg hinan, welcher dem Anschein nach das trockne Bett eines Bergstroms war. Während sie hinan stie-gen, hörte Rip von Zeit zu Zeit ein lang dahinrollendes Ge-räusch, gleich entferntem Donner, welcher aus einer tiefen Schlucht, oder vielmehr Spalte, zwischen hohen Felsen her-zukommen schien, dem ihr rauer Pfad sie entgegen führte. – Er stand einen Augenblick still; glaubte jedoch das Dröhnen eines der vorübergehenden Gewitter vernommen zu haben, welche in höheren Berggegenden öfter umherziehen, und ging weiter. Nachdem sie die Schlucht passiert, kamen sie an eine Vertiefung, die einem kleinen Amphitheater glich, und von senkrechten Abhängen umgeben war, über deren Rand hinüberhangende Bäume ihre Zweige schlossen, sodass man nur hie und da einige glänzende Streifen des blauen Himmels und der hellen Abendwolken gewahren konnte. Während der ganzen Zeit klommen Rip und sein Gefährte in tiefem Stillschweigen bergan, der Erstere in nicht geringer Verwunderung, zu welchem Behuf ein Fass mit geistigem Getränk diese wilden Berge hinaufgeschafft würde, aber durch das sonderbare und geheimnisvolle Wesen des Unbekannten eingeschüchtert und zurückgehalten seiner Neugierde durch Fragen Raum zu geben.

Beim Eintreten in das Amphitheater stellten sich neue Gegenstände der Verwunderung dar. In der Mitte einer Ebene war eine Gesellschaft von sonderbar aussehenden Leuten versammelt, welche Kegel schoben. Sie waren in eine ungewöhnliche ausländische Tracht gekleidet. Einige trugen kurze Wamse, andere Jacken, mit langen Messern in den Gürteln, und die meisten waren mit ungeheuren Hosen angetan, von demselben Schnitt wie die des Führers. Auch ihre Gesichter waren ganz eigentümlich: hier zeigte sich ein großer Kopf mit breitem Gesicht und kleinen Schweinsaugen; dort machte eine ungeheure Nase die übrigen Organe des Vorderkopfes fast unsichtbar, und ein weißer, pyramidenförmiger Hut mit rotem Hahnenschwanz ein unheimliches dämonisches Aussehen. Alle hatten Bärte von verschiedener Gestalt und Farbe. Einer unter ihnen, ein ansehnlicher alter Herr mit einem verhagelten Gesicht, schien der Anführer zu sein. Er trug ein mit Tressen besetztes Wams, einen breiten Gurt und Hängriemen, einen hohen spitzen Hut mit einer Feder daran, rote Strümpfe und Schuhe mit hohen Hacken und Rosen darauf. Die ganze Gruppe erinnerte Rip an die Gestalten auf einem alten flämischen Gemälde, welches in der Wohnstube des würdigen Herrn van Schaick, des Dorfpredigers, hing, und das zur Zeit der Ansiedelung mit aus Holland herübergebracht worden war.

Was Rip besonders auffiel, war, dass diese Leute, obgleich sie augenscheinlich sich zu belustigen da waren, dabei doch die ernsthaftesten Gesichter machten und das geheimnisvollste Schweigen behaupteten, so, dass dies eine der melancholischsten Gesellschaften war, die er jemals gesehen hatte. Nichts unterbrach die Stille des Ganzen, als das Rollen der Kugeln, welche, wenn sie geworfen waren, wie dumpf dahintönender Donner längs den Bergen widerhallten.

Als Rip und sein Gefährte sich ihnen näherten, ließen sie auf einmal von ihrem Spiel ab, und stierten ihn mit so starren, bildsäulenähnlichen Blicken und so sonderbaren, rohen, glanzlosen Gesichtern an, dass ihm das Herz im Busen sich umwandte und seine Knie zusammenschlugen. Sein Gefährte leerte jetzt den Inhalt des Fässchens in große Flaschen aus, und gab ihm Zeichen, die Gesellschaft zu bedienen. Er gehorchte mit Furcht und Zittern: sie schlürften reichlich und in tiefem Stillschweigen das Getränke und kehrten dann zu ihrem Spiel zurück.

Nach und nach verlor sich Rips Scheu und Ängstlichkeit. Er wagte sogar, wenn niemand nach ihm sah, das Getränk zu kosten, dessen Geschmack, wie er fand, sich sehr dem von gutem Wacholder-Branntwein näherte. Er war von Natur eine durstige Seele, und bald versucht, wieder zur Flasche zurückzukehren. Ein Zug veranlasste den andern; und er wiederholte die Besuche bei der Flasche so oft, dass seine Sinne endlich überwältigt wurden, seine Augen im Kopf schwammen, sein Haupt sich allmählig neigte, und er in einen tiefen Schlaf verfiel.

Beim Erwachen fand er sich auf dem grünen Vorsprung, von welchem aus er zuerst den alten Mann aus der Schlucht gesehen hatte. Er rieb sich die Augen – es war ein klarer, sonniger Morgen. Die Vögel hüpften und zwitscherten um die Gebüsche und der Adler schwebte hoch in die Luft empor und wiegte sich auf dem reinen Morgenwind. »Gewiss«, dachte Rip, »habe ich nicht die ganze Nacht hier geschlafen!« Er rief sich die Vorfälle, ehe er eingeschlafen war, in das Gedächtnis zurück. Der fremde Mann mit seinem Fässchen geistigen Getränkes – die Bergschlucht – der wilde, einsame Schlupfwinkel in den Felsen – die traurige Kegelgesellschaft – die Flasche – »o! diese Flasche! diese böse Flasche«, dachte Rip, »wie soll ich mich bei der Frau van Winkle entschuldigen?«

Er sah sich nach seinem Gewehr um, aber statt der reinen, wohleingeölten Vogelflinte, fand er neben sich liegend ein altes Gewehr, dessen Lauf mit Rost bedeckt, dessen Schloss abgegangen, und dessen Schaft von Würmern zerfressen war. Er vermutete nun, die ernsten Spaßvögel des Bergs hätten ihm einen Streich gespielt, und, nachdem sie ihn berauscht, ihm seine Flinte genommen. Auch Wolf war verschwunden; aber er konnte ja, ein Eichhörnchen oder ein Rebhuhn verfolgend, weggelaufen sein. Er pfiff nach ihm und rief seinen Namen, aber alles vergebens; das Echo wiederholte sein Pfeifen und Rufen, aber kein Hund war zu sehen.

Er beschloss, den Schauplatz der letzten Abendvergnügung wieder aufzusuchen, und, wenn er jemandem von der Gesellschaft begegnete, seine Flinte und seinen Hund zu fordern. Als er aufstand, um weiterzugehen, fühlte er seine Glieder steif und es fehlte ihm die gewöhnliche Beweglichkeit. »Diese Berglager wollen zu mir nicht passen«, dachte Rip, »und wenn mir diese Belustigung einen Rheumatismus zugezogen haben sollte, so werde ich mit der Frau van Winkle meine liebe Not bekommen!« Mit einiger Schwierigkeit gelangte er in die Schlucht hinab; er fand die Spalte, in welcher er und sein Gefährte am vorigen Abend hinangeklommen waren; aber zu seinem Erstaunen floss nun ein Bergstrom schäumend darin hinab, von Fels zu Fels springend, und die Schlucht mit geschwätzigem Geräusch füllend. Er bemühte sich indes, an der Seite desselben hinanzuklettern, bahnte sich mühsam einen Weg durch Birken-, Sassafras- und Haselnussgebüsche, und fand sich zuweilen durch die Ranken des wilden Weinstocks aufgehalten, die ihre Winden und jungen Schöße von Baum zu Baum schlangen und eine Art Netzwerk über seinen Pfad hinzogen.

Endlich gelangte er dahin, wo sich die Schlucht durch die Klippen gegen das Amphitheater hin geöffnet hatte; aber es waren keine Spuren einer solchen Öffnung mehr vorhanden. Die Felsen boten eine hohe, undurchdringliche Mauer dar, über welche der Bergstrom in einer flockenartigen Schaummasse daherkam, und in ein breites, tiefes Becken fiel, welches düster war von den Schatten des Waldes. Hier konnte der arme Rip nicht weiterkommen. Er rief und pfiff seinen Hund wieder; nur das Krächzen eines Schwarms unnützer Krähen antwortete ihm, welche hoch in der Luft einen dürren

Baum, der über einen sonnigen Abhang sich hinbog, umflatterten, und, sicher in ihrer Höhe, von dort aus die Bedrängnis des armen Manns herabzuschauen und darüber zu spotten schienen. Was war zu tun? Der Morgen ging allmählig vorüber, und Rip fühlte, da er sein Frühstück entbehrte, beträchtlichen Hunger. Es betrübte ihn, seinen Hund und seine Flinte aufgeben zu müssen; er fürchtete, seinem Weib in den Weg zu kommen; aber es ging doch auch nicht an, dass er in den Bergen verhungerte. Er schüttelte den Kopf, nahm sein rostiges Gewehr auf die Schulter und lenkte, mit einem Herzen voll Bangigkeit und Kummer, seine Schritte nach Hause.

Als er sich dem Dorf näherte, begegnete er vielen Leuten, aber niemandem, den er kannte, was ihn einigermaßen in Erstaunen setzte, denn er hatte jeden Menschen in der ganzen Gegend zu kennen geglaubt. Auch ihre Kleidung war von einem Schnitt, ganz verschieden von dem, welchen er sonst zu sehen gewohnt gewesen war. Alle starrten ihn mit ähnlichen Zeichen des Erstaunens an, und sobald sie ihre Blicke auf ihn warfen, fühlten sie jedes Mal an ihr Kinn. Die beständige Wiederholung dieser Gebärde veranlasste Rip, unwillkürlich dasselbe zu tun, wo er zu seinem Erstaunen fand, dass sein Bart einen Fuß lang gewachsen war.

Er war jetzt in die Umgebung des Dorfs gekommen. Ein Haufe fremder Kinder lief ihm auf den Fersen nach, schrie und wies auf seinen grauen Bart. Auch die Hunde, unter denen er keinen seiner alten Bekannten wiedererkannte, bellten ihn an, als er vorüberging. Das Dorf selbst war verändert; es war größer und volkreicher. Da standen Reihen von Häusern, welche er nie zuvor gesehen, und diejenigen, welche er gewöhnlich besucht hatte, waren verschwunden. Fremde Namen waren über den Türen – fremde Gesichter an den Fenstern – alles war fremd. Jetzt kreiste ihm der Kopf; er begann zu zweifeln, ob er und die Welt um ihn her nicht behext sei. Gewiss war dies doch sein heimatliches Dorf, das er erst den Tag zuvor verlassen hatte. Dort lagen die Kaatskill-Berge – dort floss in einiger Entfernung der silberglänzende Hudson – da war jeder Hügel und jedes Tal gerade noch so, wie früher – Rip wurde ganz verwirrt. »Die Flasche von gestern Abend«, dachte er, »hat mein armes Hirn völlig ausgesaugt.«

Mit einiger Mühe fand er den Weg zu seinem eigenen Haus wieder, dem er sich mit stillschweigender Scheu näherte, da er jeden Augenblick die gellende Stimme der Frau van Winkle zu vernehmen erwartete. Er fand das Haus ganz im Verfall – das Dach eingesunken, die Fenster zerbrochen und die Türen aus den Angeln. Ein halb verhungerter Hund, welcher wie Wolf aussah, schlich um dasselbe. Rip rief ihn beim Namen, allein der Hund knurrte, zeigte seine Zähne und lief weg. Das war in der Tat ein unfreundlicher Empfang. »Selbst mein Hund«, seufzte der arme Rip, »hat mich vergessen!«

Er trat in das Haus, das, um die Wahrheit zu sagen, Frau van Winkle immer in schöner Ordnung gehalten hatte. Es war leer, verfallen und augenscheinlich verlassen. Diese Öde überwältigte alle Furcht vor Ehestandsszenen – er rief laut nach seiner Frau und seinen Kindern – die einsamen Zimmer hallten einen Augenblick von seiner Stimme wieder, und dann war alles wieder stumm.

Er machte sich nun hastig davon und eilte nach seinem alten Zufluchtsort, der Dorfschenke; – allein auch diese war nicht mehr zu finden. Ein großes, schiefes, hölzernes Gebäude stand an dessen Stelle, mit großen weiten Fenstern, von denen einige zerbrochen und mit alten Hüten und Unterröcken verstopft waren, und über der Tür war die Überschrift gemalt: »das Union Hotel, Jonathan Doolittle.« Statt des großen Baums, welcher die ehemalige ruhige, kleine holländische Schenke zu beschatten pflegte, war jetzt eine große kahle Stange aufgestellt, auf deren Spitze etwas hing, das einer roten Nachtmütze ähnlich sah, und an derselben herab wehte eine Flagge, auf welcher eine sonderbare Zusammenstellung von Sternen und Streifen zu sehen war. – Alles dies war seltsam und unbegreiflich. Er erkannte jedoch auf dem Schild das hochrote Gesicht von König Georg, unter welchem er so manche friedliche Pfeife geraucht hatte; aber selbst dies war sonderbar umgestaltet. Der rote Rock war in einen blauen mit Aufschlägen verwandelt; ein Degen war statt des Zepters in der Hand zu sehen, der Kopf war mit einem dreieckigen Hut geziert und unten stand mit großen Buchstaben geschrieben: General Washington.

Es waren, wie gewöhnlich, eine Menge Menschen vor der Tür versammelt, unter denen jedoch Rip niemanden erkannte. Selbst der Charakter des Volks schien verändert. Es war da umher ein geschäftiges, unruhiges, streitsüchtiges Wesen, statt des gewohnten Phlegmas und der schläfrigen Friedseligkeit. Er sah sich vergebens nach dem weisen Nicolaus Vedder um, mit seinem breiten Gesicht, dem Doppelkinn und der schönen langen Pfeife, aus der er Wolken von Tabaksdampf, statt eitler Reden von sich gab, oder nach van Bummel, dem Schulmeister, der den Inhalt einer alten Zeitung ihnen mitzuteilen pflegte. Statt diesem stand ein magerer, gallsüchtig aussehender Bursche da, welcher die Taschen voll von Zetteln hatte, und sehr heftig über Rechte des Bürgers – über Wahlen – Mitglieder des Kongresses – Freiheit – Bunkershill – Die Schlacht am Bunkers-Hügel in der Nähe von Boston am 16. Juni 1775, wo das englische Heer, trotz seiner Überlegenheit, eine Niederlage erlitt – die Helden von sechs und siebenzig – und noch andere Wörter sprach, welche dem verwirrten van Winkle vollkommen wie babylonisches Kauderwelsch vorkamen.

Rips Erscheinung mit seinem langen grauen Bart, seiner verrosteten Vogelflinte, seinem sonderbaren Anzug und der Herde von Weibern und Kindern, die sich ihm auf den Fersen sammelten, zog bald die Aufmerksamkeit der Schenkenpolitiker auf sich. Sie drängten sich um ihn und betrachteten ihn vom Kopf bis zu den Füßen mit großer Neugierde. Der Redner arbeitete sich hindurch bis zu ihm, zog ihn auf die Seite und fragte: »für wen er stimme?« Rip starrte ihn mit nichtssagender Albernheit an. Ein anderer kniffiger, aber geschäftiger kleiner Kerl nahm ihn beim Arm, stellte sich auf die Zehen und fragte ihn in das Ohr: »ob er ein Föderalist oder ein Demokrat sei?« Rip fand sich ebenso unfähig, diese Frage zu beantworten, als ein zuversichtlicher, sich wichtigmachender alter Herr mit einem spitz gekrampten Hut, sich einen Weg durch die Menge bahnte, die er rechts und links mit dem Ellbogen zurückstieß wie er an ihnen vorbei kam, worauf er, den einen Arm in die Seite gestemmt, und mit dem andern auf den Stock sich stützend, sich vor van Winkle hinstellte, und, als wolle er mit seinem scharfen Auge und seinem spitzen Hut ihn bis auf den Grund seiner Seele durchdringen, mit strengem Ton fragte: »was ihn mit seiner Flinte auf der Schulter und einem Haufen Volks an seinen Fersen, zur Wahl bringe, und ob er einen Tumult im Dorf anzustiften im Sinne habe?« – »Ach, Ihr Herren«, rief Rip etwas beklommen aus, »ich bin ein armer friedliebender Mann, in diesem Orte daheim, und ein treuer Untertan des Königs, Gott segne ihn!«

Hier brachen die Umstehenden in ein allgemeines Geschrei aus: »Ein Tory! ein Tory! ein Spion! ein Überläufer! schafft ihn fort! weg mit ihm!« Mit großer Mühe vermochte der gewichtige Mann mit seinem gekrampten Hut die Ordnung wiederherzustellen, und nachdem er eine zehnmal strengere Miene angenommen, fragte er noch einmal den unbekannten Verbrecher, weswegen er hierher käme und wen er suche? Der arme Mann versicherte ihn demütig, dass er nichts Arges im Sinne habe, sondern nur hergekommen sei, um einige seiner Nachbarn aufzusuchen, die sich in der Schenke aufzuhalten pflegten.

»Gut – wer sind sie? nennt sie!«

Rip bedachte sich einen Augenblick und fragte: »Wo ist Nicolaus Vedder?«

Eine kleine Weile herrschte allgemeines Stillschweigen; dann aber antwortete ein alter Mann, mit einer dünnen pfeifenden Stimme. »Nicolaus Vedder? Nun, der ist schon vor achtzehn Jahren gestorben und dahin. Es war ein hölzerner Grabstein auf dem Kirchhof, welcher alles erzählte, wie es mit ihm im Leben gewesen war; aber der ist auch längst verfault.«

»Wo ist Brom Dutcher?«

»Oh, der ging im Anfang des Kriegs mit dem Heer; einige sagen, er wäre bei der Erstürmung von Stoney-Point umgekommen – andere meinen, er sei in einem Sturm bei Antonius Nase ertrunken. Genug – er ist nicht wieder zurückgekommen.«

»Wo ist van Bummel, der Schulmeister?«

»Er ging auch mit in den Krieg, ward ein großer Miliz-General und sitzt im Kongress.«

Rips Herz sank, wie er von diesen Veränderungen in seiner Heimat und bei seinen Freunden hörte, und sich nun so allein in der Welt fand. – Jede Antwort die er erhielt, vermehrte sein Erstaunen, da hier von so ungeheuren Zeiträumen und von Dingen die Rede war, die er durchaus nicht begreifen konnte. Krieg – Kongress – Stoney-Point; – er hatte nicht den Mut, noch nach andern Freunden zu fragen, sondern rief in Verzweiflung aus: »Kennt niemand hier Rip van Winkle?«

»Oh Rip van Winkle!«, riefen zwei oder drei aus. »Oh allerdings! der ist Rip van Winkle, der dort, der sich an den Baum lehnt.«

Rip sah hin und erblickte genau sein Ebenbild von damals, als er den Berg hinangestiegen war, wie es schien, ebenso träge, und gewiss ebenso zerlumpt. Der arme Mann war jetzt ganz von Sinnen. Er zweifelte an seinem eigenen Dasein und ob er er selbst, oder ein anderer sei. Mitten in seiner Verwirrung fragte ihn der Mann mit dem gekrampten Hut, wer er sei und wie er heiße?

»Gott weiß es!«, rief er, denn mit seinem Verstand war es aus; »Ich bin nicht ich selbst, – ich bin jemand anderes, – das dort bin ich – nein – das ist jemand anderes, der sich in meine Schuhe gesteckt hat. – Ich war gestern Abend ich selbst, aber ich schlief auf dem Berg ein, und sie haben mir meine Flinte vertauscht und alles ist verändert, und ich bin verändert, und weiß nicht mehr wie ich heiße, oder wer ich bin!«

Die Umstehenden fingen jetzt an, einander anzusehen, zu nicken, sich ausdrucksvolle Winke zu geben, und mit dem Finger auf die Stirn zu zeigen. Auch ging ein Flüstern wegen des Wegnehmens der Flinte, damit man so den alten Mann verhindere, Unheil anzurichten, bei welcher bloßen Andeutung der gewichtige Mann mit dem gekrampten Hut, sich mit einiger Hast davongemacht hatte. In diesem bedenklichen Augenblick drängte sich eine frische, nette Frau durch die Menge, um des graubärtigen Manns ansichtig zu werden. Sie hatte ein pausbackiges Kind auf dem Arm, das, von den Blicken des Alten erschreckt, zu weinen anfing. »Still, Rip«, rief die Mutter ihm zu, »still du kleiner Narr, der alte Mann wird dir nichts zu Leide tun.« Der Name des Kindes, das Äußere der Mutter, der Ton ihrer Stimme, alles dies erweckte eine Reihe von Erinnerungen in seinem Gemüt. »Wie heißt ihr, meine gute Frau?«, fragte er.

»Judith Gardenier.«

»Und euers Vaters Name?«

»Ach, der arme Mann, sein Name war Rip van Winkle; es ist nun zwanzig Jahr her, dass er mit seiner Flinte von zu Hause wegging, und man hat seitdem nie wieder etwas von ihm gehört – sein Hund kam ohne ihn nach Hause; ob er sich aber erschossen hat, oder ob er von irgendwem weggeschleppt worden ist, kann niemand sagen. Ich war damals noch ein kleines Mädchen.«

Rip blieb jetzt nur noch eine Frage zu tun; die brachte er aber mit stockender Stimme vor:

»Wo ist eure Mutter?«

»Oh, die ist auch, aber erst vor Kurzem, gestorben; sie zersprengte sich ein Blutgefäß, bei einem Anfall von Zorn über einen Hausierer aus Neu-England.«

Es war wenigstens ein Tropfen Trost in dieser Kunde. Der ehrliche Mann konnte sich nicht länger halten. Er schloss seine Tochter und ihr Kind in seine Arme. »Ich bin dein Vater!«, rief er aus, »einst der junge Rip van Winkle – jetzt der alte Rip van Winkle! – Kennt denn niemand den armen Rip van Winkle?«

Alle standen erstaunt, bis eine alte Frau, die aus der Menge hervorschwankte, ihre Hand an die Augen hielt, und darunter hervorblickend, ihm einen Augenblick ins Gesicht sah und nun ausrief: »Allerdings! das ist Rip van Winkle – er ist es selbst! Willkommen zu Hause, alter Nachbar – nun, wo seid Ihr denn die zwanzig Jahre über gewesen?«

Rip war bald mit seiner Erzählung fertig, denn die ganzen zwanzig Jahre waren ihm nur wie eine Nacht gewesen. Die Nachbarn machten große Augen, als sie sie hörten: Einige winkten einander zu und steckten die Zunge in die Backen, ein auch in England gewöhnliches Zeichen des Unglaubens und Spottes, und der gewichtige Mann mit dem gekrampten Hut, der, als der Schreck vorüber, auf den Kampfplatz zurückgekehrt war, zog seine Mundwinkel nieder und schüttelte den Kopf – worauf bei der Versammlung ein allgemeines Kopfschütteln entstand.

Man entschied sich indes dahin, den alten Peter Vanderdonk zu befragen, den man langsam die Straße heraufkommen sah. Er war ein Abkömmling des Geschichtsschreibers dieses Namens, welcher eine der frühesten Beschreibungen dieser Provinz herausgegeben hat. Peter war der älteste

Bewohner des Dorfes, und in allen wunderbaren Begebenheiten und Überlieferungen der Nachbarschaft wohl bewandert. Er erkannte Rip sogleich, und bekräftigte dessen Erzählung auf die genügendste Weise. Er versicherte der Gesellschaft, dass es eine Tatsache sei, welche schon von seinem Ahnherrn, dem Geschichtsschreiber her, überliefert worden, dass die Kaatskill-Berge immer von seltsamen Erscheinungen heimgesucht worden seien; dass behauptet worden sei, der große Hendrick Hudson, der erste Entdecker des Flusses und des Landes, halte dort alle zwanzig Jahre mit seiner Schiffsmannschaft vom Halben-Monde eine Art Sabbat; indem es ihm vergönnt sei, auf diese Art den Schauplatz seiner Unternehmungen wieder zu besuchen und ein wachsames Auge auf den Fluss und die nach seinem Namen genannte große Stadt zu haben; dass sein Vater sie einst in ihrer alten holländischen Tracht in einer Höhlung des Berges Kegelschieben gesehen, und er selbst eines Sommernachmittags den Klang ihrer Kugeln, wie entferntes Donner-Rollen, gehört habe.

Eine lange Geschichte kurz zu schließen, die Gesellschaft brach auf und kehrte zu den wichtigeren Geschäften der Wahl zurück. Rips Tochter nahm den Vater mit nach Haus, damit er bei ihr lebe. Sie hatte eine nette, wohl eingerichtete Wohnung, und einen starken, fröhlichen Landmann zum Gatten, in welchem Rip einen der Kleinen erkannte, die ihm auf den Rücken zu klettern pflegten. Rips Sohn und Erben betreffend, der das Ebenbild von ihm selbst war und den er sich gegen den Baum hatte lehnen sehen, so arbeitete er mit auf dem Hof, bewies aber eine angeerbte Neigung, alles, nur nicht sein eigenes Geschäft, zu treiben.

Rip ging nun wieder seine alten Gänge, und nahm seine alten Gewohnheiten wieder an; er fand bald mehrere von seinen früheren Gefährten, jedoch alle von den Launen der Zeit eben nicht zum Besten behandelt: weswegen er es auch vorzog, sich Freunde unter dem aufblühenden Geschlecht zu erwerben, bei dem er bald in große Gunst kam.

Da er zu Hause nichts zu tun, und das glückliche Alter erreicht hatte, wo ein Mensch ungestraft nichts tun darf, so nahm er seinen alten Platz wieder auf der Bank vor der Tür der Schenke ein, und wurde zugleich als einer der Patriarchen des Dorfs und als eine Chronik aus den alten Zeiten »vor dem Kriege« verehrt. Es dauerte einige Zeit, ehe er sich in die gangbare Redeweise finden, oder die sonderbaren Ereignisse begreifen konnte, welche während seiner Erstarrung stattgefunden hatten. Dass es z. B. einen Revolutionskrieg da gegeben – dass das Land das Joch von Alt-England abgeschüttelt und dass er aus einem Untertanen Seiner Majestät Georg des Dritten, jetzt ein freier Bürger der Vereinigten Staaten geworden sei. Rip war im Grunde kein Politiker; die Veränderungen der Staaten und Reiche machten nur wenig Eindruck auf ihn: allein es gab eine Art Despotismus, unter dem er lange geschmachtet hatte, und das war – die Pantoffelherrschaft. Diese war glücklicherweise zu Ende, er hatte seinen Hals aus dem Ehestandsjoch und konnte ein- und ausgehen, wann er wollte, ohne die Tyrannei der Frau van Winkle fürchten zu dürfen. Sobald indes ihr Name genannt wurde, schüttelte er den Kopf, zuckte die Achseln und schlug die Augen gen Himmel, was entweder für eine Ergebung in sein Schicksal, oder für Freude über seine Befreiung gelten konnte.

Er pflegte seine Geschichte jedem Fremden zu erzählen, der in Herrn Doolittle's Hotel ankam. Anfangs bemerkte man, dass er jedes Mal, wenn er sie erzählte, manche Dinge anders vortrug, was aber ohne Zweifel davon herrührte, dass er erst so kürzlich erwacht war. Nach und nach indes gestaltete sich alles in der Darstellung genau so, wie ich es hier berichtet habe, und es gab keinen Mann, Frau oder Kind in der Nachbarschaft, die nicht die Geschichte auswendig gewusst hätten. Einige wollten indes immer an der Wahrheit der Sache zweifeln, und behaupteten, Rip sei nicht bei Sinnen gewesen, und dass dies eine Sache sei, in welcher man nie viel Vertrauen auf ihn habe setzen können. Die alten holländischen Einwohner maßen jedoch der Erzählung fast vollen Glauben bei. Selbst bis auf diesen Tag hören sie nie ein Donnerwetter an einem Sommernachmittag um den Kaatskill, ohne zu sagen, Hendrik Hudson und seine Gefährten seien wieder bei ihrem Kegelspiel; und es ist ein allgemeiner Wunsch bei allen Ehemännern in der Nachbarschaft, die unter dem Pantoffel stehen, wenn ihnen das Leben etwas sauer wird, einen Schlaftrunk aus Rip van Winkles Flasche tun zu können.

Anmerkung

Man könnte glauben, die Veranlassung zu der vorhergehenden Erzählung sei Herrn Knickerbocker durch ein kleines deutsches Märchen von Kaiser Friedrich dem Rotbart und dem Kyffhäuser Berg gegeben worden; allein die folgende Bemerkung, welche er der Erzählung beigefügt hat, zeigt, dass dies eine ausgemachte Tatsache sei, die er mit seiner gewöhnlichen Treue erzählt hat.

»Die Geschichte von Rip van Winkle mag manchem unglaublich scheinen, allein dem ungeachtet schenke ich ihr vollkommenen Glauben, denn ich weiß, dass die Nähe unserer alten holländischen Niederlassungen die Szene gar mancher wunderbaren Begebenheiten und Erscheinungen gewesen ist. Ja, ich habe in den Dörfern, den Hudson entlang, noch sonderbarere Geschichten erzählen gehört, als diese, und die zu wohl beglaubigt waren, als dass man irgendeinen Zweifel dagegen hätte hegen können. Ich habe sogar mit Rip van Winkle selbst gesprochen, der, als ich ihn zuletzt sah, ein sehr ehrwürdiger alter Mann und so vollkommen vernünftig und besonnen bei jeder andern Sache war, dass kein gewissenhafter Mensch anstehen konnte, diese mit in den Kauf zu nehmen: ja, ich habe sogar eine Beglaubigungsschrift über den Gegenstand gesehen, die von einem Dorfrichter aufgenommen und mit einem Kreuz, in des Richters eigener Handschrift, unterzeichnet war. Die Geschichte ist also über jeden möglichen Zweifel erhaben.«

Die Sage vom
arabischen Astrologen

In alten Zeiten, vor vielen hundert Jahren, war ein maurischer König, Aben Habuz genannt, der über das Königreich Granada regierte. Er war ein in Ruhestand versetzter Eroberer, das heißt, ein Mann, der in seinen jüngeren Tagen ein stetes Raub- und Plünderleben geführt hatte, und nun, da er schwach und alt geworden, sich nach Ruhe sehnte und nichts mehr wünschte, als mit aller Welt in Frieden zu leben, seine Lorbeeren zu wahren und sich der Besitzungen ruhig zu erfreuen, die er seinen Nachbarn entrissen hatte.

Es begab sich aber, dass dieser sehr vernünftige und friedliche alte König es mit jungen Nebenbuhlern zu tun hatte; Prinzen, welche von seiner früheren Leidenschaft für Ruhm und Kampf erfüllt und geneigt waren, ihn wegen der Schulden, die er bei ihren Vätern gemacht, zur Rechenschaft zu ziehen. Auch gewisse ferne Distrikte seiner eigenen Länder, welche er während der Tage seiner Kraft sehr hochfahrend behandelt hatte, zeigten jetzt, da er sich nach Frieden sehnte, große Lust, sich aufzulehnen und drohten, ihn in seiner Hauptstadt zu umzingeln. So hatte er auf allen Seiten Feinde und da Granada von wilden und rauen Bergen umgeben ist, welche den annähernden Feind verstecken, war der unglückliche Aben Habuz in einem steten Zustand der Unruhe und des Wachens, indem er nicht wusste, auf welcher Seite die Feindseligkeiten ausbrechen würden.

Vergebens baute er sich Wartürme auf den Bergen, stellte er Wachen bei jedem Engpass mit dem Befehl auf, die Annäherung eines Feindes zur Nachtzeit durch Feuer, bei Tag durch Rauch zu verkünden. Seine behänden Feinde vereitelten alle Vorsichtsmaßregeln und pflegten aus irgendeinem unbeachteten Pass hervorzubrechen, verwüsteten ihm das Land unter der Nase und machten sich dann mit den Gefangenen und der Beute davon in die Berge. War je ein friedlicher und ruhiger Krieger in einer unbehaglicheren Lage?

Während Aben Habuz durch diese Schwierigkeiten und Störungen gequält wurde, kam ein alter arabischer Arzt an seinen Hof. Sein grauer Bart ging ihm bis auf den Gürtel und er hatte jedes Zeichen des höchsten Alters, und doch hatte er fast den ganzen Weg von Ägypten zu Fuß gemacht, ohne einen andern Beistand, als einen mit Hieroglyphen gezeichneten Stab. Sein Ruf war ihm vorangegangen. Er hieß Ibrahim Ebn Abu Ajeeb, hatte, wie man sagte, seit den Tagen Mahomets immerwährend gelebt und sollte der Sohn von Abu Ajeeb, dem letzten der Gefährten des Propheten sein. Als Kind war er dem siegreichen Heer Amrus nach Ägypten gefolgt, wo er viele Jahre geweilt und bei den ägyptischen Priestern die verborgenen Wissenschaften, besonders Magie, studiert hatte.

Überdies hatte er, wie es hieß, das Geheimnis gefunden, das Leben zu verlängern, wodurch er zum hohen Alter von mehr als zweihundert Jahren gekommen, obgleich er, da er das Geheimnis erst in seiner Greisenzeit entdeckt hatte, nur seine grauen Haare und Runzeln erhalten konnte.

Dieser wundervolle alte Mann wurde vom König in Ehren gehalten, denn, wie alle ausgelebten Könige, schenkte auch er den Ärzten eine ausgezeichnete Gunst. Er hätte ihm eine Wohnung in seinem Palast angewiesen, aber der Sternkundige zog eine Höhle an der Seite des Hügels vor, der sich über Granada erhebt und derselbe ist, auf welchem seitdem die Alhambra gebaut wurde. Er ließ die Höhle erweitern, sodass sie einen geräumigen Saal bildete, an dessen Decke eine runde Öffnung war, durch welche er, wie aus einem Brunnen den Himmel beobachten und die Sterne selbst am hellen Mittag sehen konnte. Die Wände dieses Saals waren mit ägyptischen Hieroglyphen, mit kabbalistischen Symbolen und mit den Sternbildern in ihren Kreisen bedeckt. Diesen Saal verzierte er mit mancherlei Gerätschaften, welche von geschickten Handwerkern Granadas unter seiner Leitung gefertigt worden, deren geheime Eigenschaften aber ihm allein bekannt waren.

Nach einer kurzen Zeit wurde der weise Ibrahim der vertrauteste Rat des Königs, der ihn in jedem dringenden Falle um seinen Rat anging. Aben Habuz schalt eines Tags auf die Ungerechtigkeit seiner Nachbarn und beschwerte sich über die rastlose Wachsamkeit, welche er üben müsse, um sich gegen ihre Einfälle zu sichern; als er geendigt hatte, schwieg der Astrologe eine Zeit lang, dann sagte er: »Wisse, o König, dass ich während meines Aufenthaltes in Ägypten ein großes Wunder sah, das einer der alten heidnischen Priester erdacht hatte. Auf einem Berg, über der Stadt Borsa, wo man das große Tal des Nils überschauen konnte, war die Figur eines Widders und darüber die eines Hahns, die beide, aus gegossenem Erz gefertigt, sich auf einem Stift drehten. Wenn dem Land ein Einfall drohte, so drehte sich der Widder in der Richtung des Feindes und der Hahn krähte, worauf die Bewohner der Stadt sofort Kunde von der Gefahr und von der Richtung erhielten, in welcher sie sich näherten und bei Zeiten Vorsorge treffen konnten, sie abzuwehren.«

»Gott ist groß!«, rief der friedfertige Aben Habuz; »welch ein Schatz wäre ein solcher Widder, der sein Auge auf diese Berge umher richtete, und dann solch ein Hahn, der zur Zeit der Gefahr krähte. Allah Akbar! wie sicher würde ich in meinem Palast mit solchen Schildwachen auf der Höhe schlafen.«

Der Astrologe wartete, bis die Verzückungen des Königs nachgelassen hatten und fuhr dann fort.

»Nachdem der siegreiche Amru (möge er in Frieden ruhen) die Eroberung Ägyptens vollendet hatte, blieb ich bei den alten Priestern des Landes, lernte die Gebräuche und Zeremonien ihres Götzenglaubens kennen und suchte mich in den Besitz der geheimen Weisheit zu setzen, wegen welcher sie so berühmt sind. Ich saß eines Tags an den Ufern des Nils und unterhielt mich mit einem alten Priester, als dieser auf die mächtigen Pyramiden zeigte, die sich wie Berge aus der benachbarten Wüste erhoben. ›Alles, was wir dich lehren können‹, sagte er, ›ist nichts gegen die Weisheit, die in jenen mächtigen Gebäuden aufbewahrt wird. In dem Mittelpunkt der mittleren Pyramide ist ein Grabgemach, in welchem die Mumie des Hohepriesters eingeschlossen ist, welcher dieses erstaunliche Gebäude errichten half; und bei ihm ist ein wundervolles Buch der Weisheit vergraben, welches alle

Geheimnisse der Kunst und Magie enthält. Dieses Buch war Adam nach seinem Fall gegeben worden und kam dann von Geschlecht zu Geschlecht auf Salomon den Weisen, welcher durch seine Hilfe den Tempel von Jerusalem baute; wie er in den Besitz des Erbauers der Pyramiden gekommen, ist dem allein bekannt, der alles weiß.‹

Als ich diese Worte von dem ägyptischen Priester gehört hatte, entflammte sich mein Herz, in den Besitz dieses Buchs zu gelangen. Ich hatte über die Dienste vieler Krieger aus unseren siegreichen Heeren und über eine Anzahl Eingeborenen zu gebieten; mit diesen ging ich ans Werk und öffnete die dichte Masse der Pyramide, bis ich, nach großer Mühe, auf einen ihrer inneren und verborgenen Gänge kam. Diesem folgte ich und beschritt ein furchtbares Labyrinth, durch das ich in das Herz der Pyramide und grade in das Grabgemach kam, wo die Mumie des Hohepriesters seit Jahrhunderten lag. Ich öffnete die äußern Umhüllungen der Mumie, löste ihre manchfachen Umschläge und Binden und fand endlich das kostbare Buch auf ihrer Brust. Ich fasste es mit zitternder Hand und suchte aus der Pyramide zu kommen, indem ich die Mumie ihrem dunklen und stillen Grab überließ, um dort den Tag der Auferstehung und des Gerichts zu erwarten.«

»Sohn des Abu Ajeeb«, rief Aben Habuz, »du hast viele Länder gesehen und wunderbare Dinge beobachtet; allein wozu nützt mich das Geheimnis der Pyramide und das gelehrte Buch des weisen Salomon?«

»Wohl kann es dir nützlich werden, o König! Durch das Studium dieses Buches unterrichtete ich mich in allen magischen Künsten und habe über den Beistand der Geister zur Förderung meiner Pläne zu gebieten. Das Geheimnis des Talismans von Borsa ist mir daher bekannt und ich kann einen solchen Talisman, ja, einen von noch höherer Kraft, fertigen.«

»O weiser Sohn des Abu Ajeeb«, rief Aben Habuz, »ein solcher Talisman wäre besser als alle Warttürme auf den Hügeln, und als alle Wachen an den Grenzen. Gib mir einen solchen Schirm und alle Reichtümer meiner Schatzkammer sollen zu deinem Befehl sein.«

Der Astrologe begab sich sogleich an die Arbeit, um den Wünschen des Königs Genüge zu tun. Er ließ auf der Höhe des königlichen Palasts, welcher auf dem Scheitel des Al-bayan-Hügels stand, einen großen Turm bauen. Dieser Turm ward von Steinen erbaut, die aus Ägypten gebracht worden und, wie man sagte, von einer der Pyramiden genommen waren. In dem oberen Teil des Turms war ein runder Saal, dessen Fenster nach allen Punkten des Kompasses sahen, und vor jedem Fenster war ein Tisch, auf welchem, wie auf einem Schachbrett, ein kleines Heer von Reiterei und Fuß-volk nebst einem Ebenbild des Potentaten, der in jener Richtung herrschte, alle aus Holz geschnitzt, aufgestellt waren. Für jeden dieser Tische war eine kleine Lanze da, nicht dicker als eine Nadel, auf welcher gewisse chaldäische Charaktere gegraben waren. Dieser Saal wurde stets verschlossen gehalten; die Türen waren von Erz und das Schloss von Stahl; der Schlüssel dazu befand sich in des Königs Händen.

Auf der Spitze des Turms war die auf einem Stift befestigte Bronzestatue eines maurischen Reiters, mit einem Schild in dem einen Arm und seine Lanze senkrecht tragend. Das Gesicht dieses Reiters war der Stadt zugewandt, als wache es über sie; wenn aber ein Feind sich näherte, wandte sich die Statue in dieser Richtung und legte die Lanze wie zum Angriff ein.

Als dieser Talisman fertig war, wurde der König ganz ungeduldig, seine Kraft zu erproben und sehnte sich ebenso sehr nach einem Einfall, als er je nach Ruhe geseufzt hatte. Sein Wunsch wurde bald erfüllt. Eines Morgens in der Frühe brachte die Schildwache, welche den Turm zu bewachen hatte, die Nachricht, das Gesicht des bronzenen Reiters sei gegen die Berge von Elvira gewendet und seine Lanze zeige genau nach dem Pass von Lope.

»Lasst die Trommeln und Trompeten zu den Waffen rufen«, sagte Aben Habuz, »ganz Granada soll sich bereit machen.«

»O König,« sagte der Astrologe: »beunruhige deine Stadt nicht und lass deine Krieger nicht zu den Waffen rufen; wir bedürfen den Beistand des Heeres nicht, um dich von deinen Feinden zu befreien. Entlasse deine Diener und lass uns allein in den geheimen Saal des Turms gehen.«

Der alte Aben Habuz stieg, sich auf den Arm des noch älteren Ibrahim Ebn Abu Ajeeb lehnend, die Turmtreppe hinan. Sie schlossen das eherne Tor auf und traten ein. Das Fenster, welches gegen den Pass von Lope sah, war offen. »In dieser Richtung«, sagte der Astrologe, »liegt die Gefahr: nähere dich, o König, und betrachte das Geheimnis des Tischs.«

König Aben Habuz näherte sich dem anscheinenden Schachbrett, auf welchem die kleinen hölzernen Bilder aufgestellt waren, als er zu seinem Erstaunen bemerkte, dass sie alle in Bewegung waren. Die Rosse bäumten und hoben sich, die Krieger schwangen ihre Waffen, und man hörte das leise Klingen von Trommeln und Trompeten und das Schallen von Waffen und das Wiehern der Rösser; aber alles nicht lauter und deutlicher als das Summen von Bienen oder den Sommerfliegen in das schläfrige Ohr dessen tönt, der am Nachmittag im Schatten liegt.

»Sieh, o König«, sagte der Astrologe, »einen Beweis, dass deine Feinde jetzt eben zu Felde gezogen sind. Sie müssen durch jene Berge, durch die Engpässe von Lope, vorgerückt sein. Wenn du einen panischen Schrecken und Verwirrung unter sie bringen und sie ohne Blutverlust in die Flucht jagen willst, so triff diese Bilder mit dem Knopf dieser magischen Lanze; willst du aber Mord und Blutbad unter ihnen anrichten, so triff sie mit der Spitze.«

Ein schwarzgelber Streif flog über das Gesicht des friedlichen Aben Habuz, er fasste die kleine Lanze mit zitternder Hast und schwankte an den Tisch, während sein grauer Bart vor freudiger Erwartung wackelte. »Sohn des Abu Ajeeb«, rief er aus. »Ich denke, wir wollen ein wenig Blut sehen.«

Bei diesen Worten stach er einige der Zwergengestalten mit der Lanze und bearbeitete andere mit dem dicken Ende, worauf die erstere tot auf den Tisch fielen, die übrigen aber sich gegeneinander wandten und ein buntes Gefecht begannen.

Es kostete den Astrologen Mühe, der Hand des friedlichsten aller Monarchen Einhalt zu tun und ihn von einer gänzlichen Vernichtung seiner Feinde abzuhalten; endlich vermochte er es über ihn, den Turm zu verlassen, worauf eine Streifwache in das Gebirge gegen den Pass von Lope gesandt wurde.

Diese kehrte mit der Nachricht zurück, ein christliches Heer sei durch das Herz der Sierra, fast bis Angesichts von Granada vorgedrungen, wo aber unter den Kriegern ein Zwiespalt ausgebrochen sei. Sie hätten ihre Waffen gegeneinander gekehrt und sich nach einem großen Blutbad über die Grenze zurückgezogen.

Aben Habuz war außer sich vor Freude, dass sich die Kraft des Talismans so erprobt hatte. »Endlich«, sagte er, »werde ich ein ruhiges Leben führen und habe alle meine Feinde in meiner Gewalt. O weiser Sohn des Abu Ajeeb, was kann ich dir als Lohn für solch eine Wohltat bieten?«

»Die Bedürfnisse eines alten Mannes und eines Philosophen, o König, sind gering und einfach; gewähre mir nur die Mittel, meine Höhle zu einer wohnlichen Einsiedelei einzurichten und ich bin zufrieden.«

»Wie edel ist die Entsagung des wahrhaft Weisen!«, rief Aben Habuz aus, innerlich hoch erfreut über das Wohlfeile der Belohnung. Er ließ seinen Schatzmeister kommen und gebot ihm jede Summe zu zahlen, die Ibrahim fordern würde, um seine Einsiedelei zu vollenden und einzurichten.

Auf Befehl des Astrologen müssten nun verschiedene Kammern in den harten Felsen gehauen werden, welche eine Reihe Gemächer bildeten, die mit seinem astrologischen Saal zusammenhingen; er ließ jene mit üppigen Ottomanen und Diwans zieren und die Wände mit den reichsten Seidenzeugen von Damaskus bekleiden. »Ich bin ein alter Mann,« sagte er, »und kann meine Knochen nicht mehr auf steinernen Lagern ruhen lassen, und diese feuchten Mauern müssen eine Bekleidung haben.«

Auch Bäder ließ er einrichten und versah sie mit allen Arten von Wohlgerüchen und aromatischen Ölen; »denn ein Bad«, sagte er, »ist notwendig, um der Spröde des Alters entgegenzuarbeiten und der durch Denken eingeschrumpften Gestalt Frische und Federkraft zu geben.«

Er ließ die Gemächer mit unzählbaren silbernen und kristallenen Lampen behängen, die er mit wohlriechenden, nach einem von ihm in den ägyptischen Gräbern gefundenen Rezept gefertigten Öls füllte. Dieses Öl war seiner Natur nach unverbrennlich und verbreitete einen sanften Glanz wie das gemäßigte Tageslicht. »Das Licht der Sonne«, sagte er, »ist zu lebhaft und grell für das Auge eines Greises und das Lampenlicht ist den Studien eines Philosophen angemessener.«

Der Schatzmeister des Königs Aben Habuz seufzte über die Summen, die täglich gefordert wurden, um diese Einsiedelei einzurichten und brachte seine Klagen vor den König. Aber das königliche Wort war gegeben: Aben Habuz zuckte die Schultern. »Wir müssen Geduld haben«, sagte er: »dieser alte Mann hat seine Idee von dem Aufenthaltsort eines Philosophen dem Innern der Pyramiden und den ausgedehnten Trümmern Ägyptens entlehnt; aber alles hat ja ein Ende und so auch die Einrichtung seiner Höhle.«

Der König hatte recht; die Einsiedelei ward endlich fertig und bildete einen prachtvollen unterirdischen Palast. »Ich bin jetzt zufrieden«, sagte Ibrahim Ebn Abu Ajeeb zum Schatzmeister: »ich will mich in meine Zelle verschließen und meine Zeit den Wissenschaften weihen. Ich begehre nichts mehr, nichts, als einen unbedeutenden Zeitvertreib, um mich in den Zwischenstunden der geistigen Arbeit zu zerstreuen.«

»O weiser Ibrahim, fordere, was du willst: ich bin gehalten, dir alles für deine Einsamkeit Nötige zu liefern.«

»Dann wünschte ich einige Tänzerinnen zu haben«, sagte der Philosoph.

»Tänzerinnen?«, wiederholte der erstaunte Schatzmeister.

»Tänzerinnen«, erwiderte der Weise ernsthaft, »wenige werden hinreichen, denn ich bin ein alter Mann und ein Philosoph, von einfachen Sitten und leicht zufriedenzustellen. Sorge aber, dass sie jung sind und schön anzuschauen; denn der Anblick der Jugend und der Schönheit ist für einen alten Mann erfrischend.«

Während der Philosoph, Ibrahim Ebn Abu Ajeeb, seine Zeit so weise in seiner Einsiedelei hinbrachte, führte der friedfertige Aben Habuz in seinem Turm furchtbare Kriege dem Bild nach. Es war höchst rühmlich für einen alten Mann von ruhigen Sitten, wie er, sich das Kriegführen zu erleichtern und im Stand zu sein, in seinem Gemach sich damit zu ergötzen, dass er ganze Armeen wie ebenso viele Schwärme Fliegen, verjagte.

Er schwelgte eine Zeit lang in der Befriedigung seiner Launen und neckte und beleidigte sogar seine Nachbarn, um sie zu Einfällen in sein Land zu verleiten; allein allmählig wurden sie der wiederholten Unfälle müde und endlich wagte es keiner mehr, sein Gebiet zu überschreiten. Viele Monde blieb der bronzene Reiter auf dem Friedensstand, die Lanze in die Luft emporhaltend, und der würdige alte König fing an, den Abgang seines gewohnten Zeitvertreibs schmerzlich zu empfinden und über die einförmige Ruhe verdrießlich zu werden.

Endlich drehte sich eines Tages der Reiter plötzlich rundum, ließ seine Lanze sinken und deutete auf die Berge von

Guadix. Aben Habuz eilte in seinen Turm, allein der magische Tisch in jener Richtung blieb ruhig; kein einziger Krieger bewegte sich. Über diesen Umstand in Ungewissheit, schickte er einen Trupp Reiter aus, um das Gebirge zu durchspähen und sich auf Kundschaft zu legen. Nach einer Abwesenheit von drei Tagen kamen sie zurück.

»Wir haben jeden Bergpass durchsucht«, sagten sie »aber nicht ein Helm ward sichtbar, nicht ein Speer. Alles was wir auf unserm Streifzug gefunden haben, war ein christliches Fräulein von ungemeiner Schönheit, welche in der Mittagszeit an einem Brunnen schlief und die wir als Gefangene mit uns weggeführt haben.«

»Ein Fräulein von ungemeiner Schönheit!«, rief Aben Habuz aus und seine Augen funkelten vor Erregung, »lasst sie vor uns führen.«

Das schöne Fräulein wurde sonach vor ihn geführt. Sie war in die ganze reiche Pracht gekleidet, welche zur Zeit der arabischen Eroberung bei den gotischen Spaniern herrschte. Perlen von glänzender Weiße waren in ihre Rabenlocken geflochten; Juwelen funkelten auf ihrer Stirne und wetteiferten mit dem Glanz ihrer Augen. Um den Hals hatte sie eine goldene Kette, an welcher eine silberne Leier befestigt war, die an ihrer Seite hing.

Die Strahlen ihrer dunklen leuchtenden Augen fielen wie Feuerfunken auf das verwitterte, aber noch brennbare Herz des Aben Habuz; die elastische Üppigkeit ihres Ganges machte seine Sinne taumeln. »Schönste der Frauen«, rief er entzückt, »wer und was bist du?«

»Die Tochter eines der gotischen Fürsten, die erst vor Kurzem noch über dieses Land geboten. Die Heere meines

Vaters sind wie durch Zauberkraft in diesen Gebirgen zerstreut worden; er wurde in die Verbannung geschickt und seine Tochter ist eine Gefangene.«

»Hüte dich, o König!«, flüsterte Ibrahim Ebn Abu Ajeeb, »dies kann eine der nordischen Zauberinnen sein, von denen wir gehört haben, die die verführerischsten Gestalten annehmen, um den Sorglosen zu hintergehen. Mich dünkt, ich lese Hexerei in ihren Augen und Zauberkraft in jeder ihrer Bewegungen. Ohne Zweifel ist sie die Feindin, welche der Talisman angezeigt hat.«

»Sohn des Abu Ajeeb«, entgegnete ihm der König, »du bist, ich gebe es unumwunden zu, ein weiser Mann, ein Zauberer nach allem was mir bekannt ist; allein auf Weiber verstehst du dich wenig. In dieser Kenntnis werde ich keinem Menschen weichen; nicht einmal dem weisen Salomon selbst, der Zahl seiner Weiber und Beischläferinnen ungeachtet. Was dieses Fräulein betrifft, so sehe ich nichts Böses an ihr; sie ist schön anzusehen und findet Wohlwollen vor meinen Augen.«

»Höre, o König!«, erwiderte der Astrologe. »Ich habe dir durch meinen Talisman zu manchem Siege verholfen, allein ich habe nie an der Beute Teil genommen. Gib mir darum diese verirrte Gefangene, um mich in meiner Einsamkeit an ihrer silbernen Leier zu letzen. Ist sie wirklich eine Zauberin, so habe ich Gegenmittel, welche allen ihren Zauberkünsten Trotz bieten.«

»Wie, noch mehr Weiber?«, rief Aben Habuz. »Hast du nicht bereits Tänzerinnen genug, dich zu letzen?«

»Tänzerinnen habe ich, es ist wahr, aber keine Sängerinnen. Ich möchte gern eine kleine Sängerschaft haben, um meinen Geist zu erfrischen, wenn er von den Mühen des Studierens getrübt ist.«

»Still mit deinen Einsiedler-Wünschen«, sagte der König ungeduldig. »Dieses Fräulein habe ich für mich ausersehen. Ich finde viel Behagen an ihr; grade solch Behagen, wie David, Salomons des Weisen Vater, an *Abis* Abigail der Sunamiterin.«

Ferneres Bitten und Warnen des Astrologen hatten nur eine entscheidendere Antwort des Königs zur Folge und sie schieden in großem Unwillen. Der Weise schloss sich in seine Einsiedelei ab, um über seine fehlgeschlagene Erwartung zu brüten; ehe er aber ging, warnte er den König nochmals, sich vor seiner gefährlichen Gefangenen zu hüten. Aber welcher verliebte Greis wird auf Rat hören? Aben Habuz gab sich der vollen Herrschaft seiner Leidenschaft hin. Sein einziges Trachten war, wie er sich in den Augen der gotischen Schönheit angenehm machen könne. Es ist wahr, durch Jugend konnte er sich nicht empfehlen, aber er hatte Schätze; und wenn ein Liebhaber alt ist, so ist er gewöhnlich freigebig. Der Zacatin von Granada wurde der kostbarsten Erzeugnisse des Morgenlandes beraubt; Seidenzeuge, Juwelen, Edelsteine, herrliche Wohlgerüche, alles was Asien und Afrika Reiches und Seltenes boten, wurde an die Prinzessin verschwendet. Alle Arten von Schauspielen und Festlichkeiten wurden zu ihrer Unterhaltung ersonnen; Gesang, Tanz, Turniere, Stiergefechte. Granada war eine Zeit lang der Schauplatz ununterbrochener Feste. Die gotische Prinzessin betrachtete all diese Pracht wie jemand, der an solchen Glanz gewöhnt ist. Sie nahm alles als einen Tribut hin, den man ihrem Rang oder vielmehr ihrer Schönheit schuldig war, denn die Schönheit ist in ihren

Anforderungen sogar noch hochfahrender als der Rang. Ja, sie schien ein geheimes Vergnügen zu empfinden, den König zu Ausgaben zu reizen, vor denen sein Schatzmeister zitterte; und dann behandelte sie seine ausschweifende Freigebigkeit, wie etwas, das sich von selbst versteht. Der ehrwürdige Liebhaber konnte sich überdies bei allem seinem Eifer und seinem Großmut nicht schmeicheln, einen Eindruck auf ihr Herz gemacht zu haben. Sie zürnte ihm nie, es ist wahr, aber sie lächelte auch nie. So oft er seiner Liebe das Wort reden wollte, schlug sie ihre silberne Leier an. Es war ein geheimnisvoller Zauber in dem Klang. Augenblicklich fing der König an zu nicken; eine Schläfrigkeit überschlich ihn und er sank allmählig in Schlaf, aus welchem er wunderbar erquickt, aber für eine Weile vollkommen von seiner Liebe abgekühlt, erwachte. Seinem Werben war dies freilich nicht günstig; aber dieser Schlaf war stets von angenehmen Träumen begleitet, welche die Sinne des schläfrigen Liebhabers vollkommen fesselten; so fuhr er fort zu träumen, während ganz Granada über seine Betörung spottete und über die Schätze seufzte, die für eine Leier vergeudet wurden.

Endlich brach eine Gefahr auf das Haupt des Aben Habuz herein, vor der sein Talisman ihn nicht warnen konnte. Eine Empörung brach in seiner eignen Hauptstadt aus; sein Palast wurde von bewaffnetem Pöbel umzingelt, der sein und seines christlichen Schätzchens Leben bedrohte. Ein Funken seines alten kriegerischen Geists erwachte in der Brust des Monarchen. An der Spitze eines Häufleins aus seiner Wache brach er heraus, jagte die Empörer in die Flucht und erstickte die Revolution im Keim.

Als die Ruhe wiederhergestellt war, suchte er den Astrologen, der sich immer noch in seiner Einsamkeit verschlossen hielt und an der bitteren Rinde des Unwillens nagte.

Aben Habuz näherte sich ihm mit verhöhnendem Tone: »O weiser Sohn des Abu Ajeeb«, sagte er, »wohl hast du mir Gefahren vorhergesagt, welche die gefangene Schönheit veranlassen würde: sag mir darum auch, der du so schnell die kommende Gefahr erschaust, was ich tun muss, um sie zu vermeiden.«

»Entferne die ungläubige Maid von dir, die der Grund derselben ist.«

»Lieber lass ich von meinem Königreich«, rief Aben Habuz.

»Du schwebst in Gefahr, beide zu verlieren«, versetzte der Astrologe.

»Sei nicht rau und zornig, tiefster aller Philosophen: bedenke das doppelte Unglück eines Königs und eines Verliebten und ersinne mir Mittel, mich vor den Übeln, die mir drohen, zu schirmen. Ich frage nichts nach Größe, ich frage nichts nach Macht. Ich sehne mich nur nach Ruhe; hätte ich doch einen stillen Aufenthaltsort, wohin ich mich aus der Welt und allen ihren Sorgen, ihrem Prunk und ihrer Unruhe flüchten und den Rest meiner Tage der Ruhe und Liebe widmen könnte.«

Der Astrologe betrachtete ihn einen Augenblick aus seinen buschigen Augenbrauen hervor.

»Und was würdest du mir geben, wenn ich dir einen solchen Ort verschaffte?«

»Du möchtest deinen Lohn selbst bestimmen und es sollte, was es auch sein mag, sofern es sich im Bereich meiner Macht findet, dein sein, so wahr meine Seele lebt.«

»Du hast, o König, von dem Garten von Irem gehört, einem der Wunder des glücklichen Arabiens?«

»Ich habe von diesem Garten gehört; seiner ist in dem Koran gedacht, in dem Abschnitt, der »die Dämmerung des Tags« überschrieben ist. Ich habe überdies von Pilgern, die zu Mekka waren, wunderbare Dinge von ihm erzählen hören; allein ich hielt es für tolle Fabeln, wie Reisende, welche ferne Länder besucht haben, zu erzählen pflegen.«

»Setze, o König, die Erzählungen der Reisenden nicht herab«, erwiderte der Sternkundige ernsthaft; »denn sie enthalten kostbare Schätze des Wissens, aus den Enden der Erde zusammengebracht. Was den Palast und den Garten von Irem betrifft, so ist die allgemeine Sage wahr; ich habe sie mit meinen eigenen Augen gesehen – höre auf mein Abenteuer, denn es steht mit dem Gegenstand deines Begehrens in Zusammenhang.

In meinen jüngeren Jahren, als ich ein bloßer Araber der Wüste war, führte ich die Kamele meines Vaters. Als wir durch die Wüste von Aden zogen, entfernte sich eines von den übrigen und war verloren. Ich suchte es mehrere Tage lang, allein umsonst, bis ich mich eines Mittags, ermüdet und kraftlos, niederlegte und unter einem Palmbaum, an einem kleinen Brunnen entschlief. Als ich erwachte, sah ich mich an den Toren einer Stadt. Ich trat ein, und schaute prächtige Straßen, Plätze, Märkte; aber alles war stumm und ohne Einwohner. Ich wanderte umher, bis ich an einen herrlichen Palast mit einem Garten kam, der mit Brunnen und Fischteichen und Laubgängen und Blumen und Obststücken, mit köstlichen Früchten beladen, geziert war; aber immer war noch niemand zu sehen. Erschreckt durch diese Einsamkeit, eilte ich wegzukommen, und als ich aus dem Tor der Stadt war, und mich umkehrte, um alles noch einmal zu übersehen, war nichts mehr davon da, und nur die stumme Wüste breitete sich vor meinen Augen aus.

In der Nähe begegnete ich einem alten Derwisch, der in den Sagen und Geheimnissen des Landes bewandert war, und erzählte ihm, was mir vorgekommen. ›Dies‹, sagte er, ›ist der weitberühmte Garten von Irem, eines der Wunder der Wüste. Er zeigt sich nur manchmal einem Reisenden, wie dir, und erfreut ihn mit dem Anblick von Türmen, Palästen und Gartenmauern, von reich beladenen Fruchtbäumen überhangen, und dann verschwindet er, und nichts bleibt als eine einsame Wüste. Und dies ist seine Geschichte. Als in alten Zeiten dieses Land von den Additen bewohnt war, gründete der König Sheddad, der Sohn Ads, des Urenkels von Noah, eine prächtige Stadt hier. Als sie vollendet war, und er ihre Größe sah, schwoll sein Herz von Stolz und Anmaßung, und er beschloss, einen königlichen Palast mit Gärten zu bauen, welche mit allem wetteiferten, was in dem Koran von dem himmlischen Paradies berichtet würde. Allein der Fluch des Himmels traf ihn wegen seiner Anmaßung. Er und seine Untertanen wurden von der Erde weggerissen, und seine glänzende Stadt, der Palast und die Gärten wurden unter einen steten Zauber gelegt, der sie jedem menschlichen Auge verbirgt, nur dass sie zu Zeiten gesehen werden, wenn man seiner Sünden unablässig eingedenk ist.‹

Diese Sage, o König, und die Wunder, die ich gesehen hatte, blieben meinem Gedächtnis stets gegenwärtig, und in späteren Jahren, als ich in Ägypten gewesen, und im Besitz des Wissens des weisen Salomo war, beschloss ich zurückzukehren, und den Garten des Irem wieder zu besuchen. So tat ich, und fand ihn meinem gereifteren Blick erschlossen. Ich nahm von dem Palast Sheddads Besitz, und brachte mehrere Tage in diesem kleinen irdischen Paradies hin. Die Genien, die den Palast bewachen, waren meiner magischen Kraft untertan, und entdeckten mir die Zauber, durch welche der ganze Garten gewissermaßen ins Leben gerufen worden, und durch die er unsichtbar war. Solch einen Palast und Garten, o König, kann ich dir selbst hier auf dem Berg über der Stadt machen. Kenne ich nicht alle die geheime Zaubersprüche? Und bin ich nicht im Besitz des Buchs des Wissens Salomons des Weisen?«

»O weiser Sohn des Abu Ajeeb!«, rief Aben Habuz, vor Begierde zitternd, »du bist in der Tat ein Reisender, und hast wundervolle Dinge gesehen und gelernt! Verschaffe mir ein solches Paradies, und fordere jeden Lohn, wär es auch die Hälfte meines Königreichs.«

»Ach!«, versetzte der andere, »du weißt, ich bin ein alter Mann und ein Philosoph, und leicht zufriedengestellt; aller Lohn, welchen ich fordere, ist das erste Lasttier mit seiner Bürde, das in das magische Tor des Palasts eingehen wird.«

Der König bewilligte mit Freuden ein so mäßiges Begehren, und der Astrologe begann sein Werk. Auf dem Gipfel des Hügels, unmittelbar über seiner unterirdischen Einsiedelei, ließ er einen großen Torweg, welcher in die Mitte eines starken Turms führte, errichten.

Außerhalb war eine Vorhalle mit einem hohen Bogen, und innerhalb desselben ein Tor, welches starke Türen schlossen. Auf den Schlusssteinen des Tors bildete der Astrologe mit eigener Hand die Gestalt eines großen Schlüssels ab; und auf den Schlussstein des äußern Bogens der Torhalle, welcher höher war als der des Tors, grub er eine riesige Hand ein. Dieses waren zwei mächtige Zaubermittel, über welche er viele Sprüche in einer unbekannten Sprache murmelte.

Als dieser Torweg fertig war, verschloss er sich zwei Tage in seinen astrologischen Saal, mit geheimen Beschwörungen beschäftigt; am dritten bestieg er den Hügel, und brachte den ganzen Tag auf dessen Gipfel zu. Spät in der Nacht kam er herab, und ging zu Aben Habuz. »Endlich, o König«, sagte er, »ist meine Arbeit vollendet. Auf dem Gipfel des Hügels steht einer der entzückendsten Paläste, die je der Kopf eines Menschen ersonnen, oder das Herz eines Menschen begehrt hat. Er umschließt kostbare Säle und Galerien, prächtige Gärten, kühle Brunnen und duftreiche Bäder; mit einem Wort, der ganze Berg ist in ein Paradies umgewandelt. Gleich dem Garten des Irem steht er unter dem Schirm eines mächtigen Zaubers, welcher ihn dem Auge und dem Forschen der Sterblichen, mit Ausnahme derer entzieht, welche im Besitz des Geheimnisses seines Talismans sind.«

»Genug!«, rief Aben Habuz vergnügt. »Morgen früh mit dem ersten Tageslicht wollen wir hinaufgehen, und Besitz nehmen.« Der glückliche König schlief diese Nacht nur sehr wenig. Kaum hatten die Strahlen der Sonne angefangen um den schneeigen Gipfel der Sierra Nevada zu spielen, als er sein Pferd bestieg, und, nur von wenigen auserwählten Dienern begleitet, einen steilen und engen Pfad emporstieg, der den Hügel heraufführte. Neben ihm ritt auf einem weißen Zelter die gotische Prinzessin, deren ganzes Gewand von Juwelen funkelte, während ihre silberne Leier um ihren Hals hing. Der Astrologe schritt an der andern Seite des Königs, und stützte sich auf seinen hieroglyphischen Stab, denn er bestieg nie ein Pferd.

Aben Habuz schaute auf, um die Türme des Palasts über sich glänzen, und die umtaubten Terrassen der Gärten die Höhe entlangziehen zu sehen; allein es zeigte sich ihm nichts der Art. »Das ist das Geheimnis«, sagte der Astrologe, »und die Schutzwache des Ortes; man kann nichts entdecken, bis man den zaubergebannten Torweg überschritten hat, und in den Besitz des Ortes gesetzt ist.«

Als sie sich dem Torweg näherten, hielt der Astrologe an, und zeigte dem König die mystische Hand und den Schlüssel auf dem Tor und dem Bogen. »Das ist der Zauber«, sagte er, »welcher den Eingang in dieses Paradies bewacht. Bis jene Hand herabreicht, und diesen Schlüssel ergreift, wird weder menschliche Macht noch Zauberkraft dem Besitzer dieses Bergs etwas anhaben können.«

Während Aben Habuz mit offenem Mund und stummer Verwunderung diese mystischen Zauber anstarrte, schritt der Zelter der Prinzessin weiter, und trug sie durch das Portal in die Mitte des Torwegs.

»Sieh«, rief der Astrologe, »meinen versprochenen Lohn – das erste Tier mit seiner Bürde, das in das magische Tor eingehen würde.«

Aben Habuz lächelte über diesen, wie er glaubte, scherzhaften Einfall des alten Mannes; als er aber sah, dass es Ernst sei, zitterte sein grauer Bart vor Unwillen.

»Sohn des Abu Ajeeb«, sagte er streng, »welche Zweideutigkeit ist dies! Du kennst den Sinn meines Versprechens. Nimm das stärkste Maultier in meinen Ställen, belade es mit dem Kostbarsten, was mein Schatz enthält, und es ist dein;

aber wage es nicht, deine Gedanken zu ihr zu erheben, die die Freude meines Herzens ist.«

»Was sollen mir die Schätze«, sagte der Astrologe verächtlich, »habe ich nicht das Buch Salomons des Weisen, und durch dieses den Schlüssel zu allen Schätzen der Erde? Die Prinzessin ist nach dem Vertrage mein; dein königliches Wort ist gegeben; ich spreche sie als mein Eigentum an.«

Die Prinzessin blickte stolz von ihrem Zelter nieder, und ein leichtes Lächeln der Verachtung kräuselte ihre rosige Lippe während dieses Streits zweier Graubärte um den Besitz der Jugend und Schönheit. Der Zorn des Königs besiegte seine Klugheit. »Elender Sohn der Wüste«, rief er, »du magst in vielen Künsten Meister sein; aber erkenne mich als deinen Meister, und wage es nicht, mit deinem König zu scherzen.«

»Mein Meister?«, wiederholte der Astrologe, »mein König? Der Beherrscher eines Maulwurfshügels will dessen Herrscher sein, der im Besitz von Salomons Zauber ist? Lebe wohl, Aben Habuz, herrsche über dein winziges Königreich, und schwärme in deinem Narrenparadies; ich werde dich in meiner philosophischen Einsamkeit auslachen.«

Bei diesen Worten fasste er den Zügel des Zelters, stieß seinen Stab in die Erde, und sank mit der gotischen Prinzessin durch den Mittelpunkt des Torgangs. Der Boden schloss sich über ihm, und keine Spur verblieb von der Öffnung, durch welche er verschwunden war.

Aben Habuz war eine Weile von Staunen stumm. Als er sich erholt hatte, ließ er tausend Arbeiter mit Äxten und Spaten in den Boden graben, wo der Astrologe verschwunden war. Sie gruben und gruben, aber umsonst; der felsige Busen des Hügels widerstand ihren Werkzeugen, oder wenn sie ein wenig eingedrungen waren, füllte sich die Öffnung wieder so schnell als sie gemacht worden war. Aben Habuz suchte den Eingang der Höhle am Fuß des Hügels, durch welchen man in den unterirdischen Palast des Astrologen gelangte; allein er war nirgends zu finden. Wo vorher ein Eingang gewesen, war jetzt die feste Fläche eines Urfelsen. Mit dem Verschwinden des Ibrahim Ebn Abu Ajeeb hörte auch die Wirkung seines Talismans auf. Der bronzene Reiter stand nun fest, sein Gesicht dem Hügel zuwendend, und mit dem Speer auf die Stelle deutend, durch welche der Astrologe verschwunden war, als ob dort der tödlichste Feind von Aben Habuz noch weilte.

Von Zeit zu Zeit konnte man den Klang von Musik und die Töne einer weiblichen Stimme schwach aus der Tiefe des Hügels heraufschweben hören, und ein Landmann brachte eines Tags dem König die Kunde, er habe in der vergangenen Nacht einen Spalt in den Felsen gefunden, durch den er gebrochen sei, bis er in einen unterirdischen Saal sah, in welchem der Astrologe auf einem prächtigen Diwan saß, schlummernd, und zu dem Klang der silbernen Leier der Prinzessin, die eine magische Gewalt über seine Sinne zu üben schien, nickend.

Aben Habuz suchte den Spalt in dem Fels, aber er war wieder geschlossen. Er erneuerte die Versuche, seinen Nebenbuhler aufzugraben, aber alles vergebens. Der Zauber der Hand und des Schlüssels war zu mächtig, als dass ihn menschliche Gewalt hätte lösen können. Der Gipfel des Bergs aber, wo der versprochene Palast und Garten gelegen, blieb eine nackte Öde; das gepriesene Elysium ward entweder durch Zauberei vor dem Auge verborgen, oder es war ein bloßes

Märchen des Astrologen gewesen. Die Welt nahm gutmütig das letzte an, und viele nannten den Platz »des Königs Narrheit«, während andere ihn »des Narren Paradies« benamsten.

Um den Kummer des Aben Habuz zu erhöhen, machten die Nachbarn, welche er mit Trotz und Hohn behandelt, und, im Besitz seines schirmenden Reiters, nach Laune zu Grund gerichtet hatte, und die sahen, dass er nicht mehr im Besitz des Zaubers war, von allen Seiten Einfälle in sein Gebiet, und der Lebensrest des friedlichsten der Monarchen war ein Gewebe von Unruhen.

Endlich starb Aben Habuz, und wurde begraben. Jahrhunderte sind seitdem vergangen. Die Alhambra ist auf dem merkwürdigen Berg erbaut worden, und verwirklicht in gewissem Grad die märchenhaften Freuden von Irems Garten. Der bezauberte Torweg steht, indem ihn ohne Zweifel die magische Hand schirmt, noch vollständig, und bildet jetzt das Tor der Gerechtigkeit, den Haupteingang zur Veste. Unter diesem Tor wohnt der Sage nach, der alte Astrologe in seinem unterirdischen Saal, und nickt auf seinem Diwan, von der Silber-Leier der Prinzessin eingewiegt.

Die alten Invaliden, welche die Wache an dem Tor haben, hören zuweilen in den Sommernächten die Töne, und nicken, der einschläfernden Kraft derselben weichend, ruhig auf ihren Posten. Ja, ein so schläfriger Einfluss beherrscht den Palast, dass man diese Wachen selbst bei Tag auf den Steinbänken der Torhalle nicken oder unter den nahen Bäumen schlafen sieht, sodass es in der Tat der schläfrigste Posten in der ganzen Christenheit ist. Alles das, sagt die alte Legende, wird von Jahrhundert zu Jahrhundert währen, die Prinzessin wird die Gefangene des Astrologen bleiben, und den Astrologen wird die Prinzessin in magischem Schlummer halten, bis zum letzten Tag, wenn die geheimnisvolle Hand nicht den gefeiten Schlüssel ergreift, und den ganzen Zauber dieses behexten Bergs aufhebt.

Die Sage von den zwei verschwiegenen Statuen

In einem öden Gemach der Alhambra wohnte einst ein lustiger kleiner Bursche namens Lope Sanchez, der in den Gärten arbeitete und so munter und lebendig war wie ein Grashüpfer und den ganzen Tag sang. Er war das Leben und die Seele der Veste. Wenn seine Arbeit vollbracht war, saß er auf einer der steinernen Bänke der Esplanade, klimperte auf seiner Gitarre und sang lange Lieder auf Cid und Bernardo del Carpio und Fernando del Pulgar und andere spanische Helden, zur Unterhaltung der alten Soldaten der Veste, oder er schlug einen fröhlicheren Ton an und ließ die Mädchen Boleros und Fandangos tanzen.

Wie die meisten kleinen Leute hatte Lope Sanchez eine große dralle Person zur Frau, welche ihn fast in ihre Tasche stecken konnte; allein das gewöhnliche Los der Armen war ihm nicht zu Teil geworden, – statt zehn Kinder hatte er nur eines. Es war ein kleines, schwarzäugiges Mädchen von zwölf Jahren, Sanchica genannt, so lustig wie er und die Freude seines Herzens. Sie spielte um ihn, wenn er in dem Garten arbeitete, tanzte zu den Tönen seiner Gitarre, wenn er im Schatten saß, und lief so wild wie ein junges Reh in dem Gebüsch, den Alleen und den verfallenen Sälen der Alhambra umher.

Es war jetzt St. Johannes-Abend, und die feiertagfrohen Plaudermäuler der Alhambra, Männer, Weiber und Kinder, kamen mit der Nacht den Sonnenberg, der sich über das Generalife erhebt, herauf, um auf dem abgeplatteten Gipfel ihre Mitte-Sommer-Nachtwache zu feiern. Es war eine glänzende Mondscheinnacht, und alle Berge waren grau und silbern, und die Stadt lag mit ihren Kuppeln und Kirchtürmen im Schatten drunten, und die Vega glich einem Feenland mit bezauberten Bächen, welche aus dem düsteren Laubwerk hervorglänzten. Auf der höchsten Höhe des Bergs zündeten sie, nach einer alten Landessitte, die sich von den Mauren herschrieb, Freudenfeuer an. Die Bewohner der umliegenden Gegend hielten eine ähnliche Nachtwache, und auf der Vega und den Seiten der Berge entlang glänzten da und dort Feuer blass empor.

Lope Sanchez, der nie vergnügter war als bei einer Festlichkeit dieser Art, spielte Gitarre, man tanzte dazu, und der Abend verging sehr heiter. Während getanzt wurde, spielte die kleine Sanchica mit einigen ihrer Genossinnen in den Trümmern einer alten maurischen Veste, welche den Berg krönt, und fand, während sie Steinchen in dem Graben suchte, eine kleine, sorgfältig in Gagat geschnittene Hand, die Finger geschlossen und den Daumen fest auf sie gedrückt. Überfroh über ihr Glück, lief sie mit ihrem Fund zur Mutter. Er wurde sogleich ein Gegenstand klugen Nachdenkens, und manche betrachteten ihn mit abergläubischem Misstrauen. »Wirf's weg«, – sagte der eine, – »es ist maurisch, – sei überzeugt, da ist Unheil und Hexerei dabei.« – »Ich dachte!«, sagte ein anderer; »geh hin und verkauf' es den Juwelieren des Zacatins.« Mitten in dieser Verhandlung trat ein dunkelbrauner, alter Soldat herzu, der in Afrika gedient hatte. Er untersuchte die Hand mit einem Kennerblick. »Ich habe Dinge dieser Art bei den Mauren der Berberei gesehen«, sagte er, »es ist ein kräftiges Mittel gegen das Scheelauge* und alle Arten von Zauber- und Hexenwerk. Ich wünsche euch Glück, Lope, das bedeutet Eurem Kinde etwas Gutes.«

Als Sanchez Weib dies hörte, band sie die kleine Gagathand an ein Band und hing es ihrem Töchterchen um den Hals.

Der Anblick dieses Talismans erinnerte an alle die beliebten abergläubischen Märchen von den Mauren. Der Tanz wurde vernachlässigt, und sie setzten sich in Gruppen auf den Boden und erzählten sich alte Geschichten, die sie von ihren Voreltern gehört hatten. Einige dieser Erzählungen drehten sich um die Wunder eben dieses Bergs, auf welchem sie saßen und der als Zauber- und Hexenrevier berühmt ist. Eine alte Frau gab eine weitläufige Schilderung von dem Palast in den Eingeweiden dieses Bergs, wo der Sage nach Boabdil und sein ganzer maurischer Hof festgebannt sind. »Unter jenen Trümmern«, sagte sie; auf einige zerfallene Mauern und Erdwälle an einem fernen Teil des Bergs deutend, »ist ein tiefes, dunkles Loch, das weit, weit in das Herz des Bergs niedergeht. Um alles Geld von Granada möchte ich nicht hineinsehen. Eines Tages hütete ein armer Mann auf der Alhambra Ziegen auf diesem Berg und kletterte in das Loch hinab einem Zieglein nach, das hineingefallen war. Ganz wild und stier kam er wieder heraus und erzählte von dem, was

---

* Das Scheelauge schadet, als bezaubernder Blick, den Kindern. Sehr verbreiteter Aberglauben im Morgenland.

er gesehen hatte, Dinge, dass jeder glaubte, er sei toll geworden. Er faselte einige Tage von den gespenstischen Mauren, die ihn in der Höhle verfolgt hätten, und konnte kaum überredet werden, seine Ziegen wieder auf den Berg zu treiben. Er tat dies endlich, aber ach, der arme Mann! er kam nie wieder herab. Die Nachbarn fanden seine Ziegen um die maurischen Trümmer weiden, sein Hut und Mantel lagen in der Nähe des Lochs, aber von ihm war nichts mehr zu hören.«

Die kleine Sanchica lauschte dieser Geschichte mit atemloser Aufmerksamkeit. Sie war neugierigen Charakters und fühlte sogleich ein mächtiges Sehnen, in diese gefährliche Tiefe zu schauen. Sie stahl sich von ihren Gespielinnen weg, suchte die entfernten Trümmer, und nachdem sie eine Zeit lang unter ihnen herumgekrochen war, kam sie an eine kleine Aushöhlung oder Becken, nahe der Spitze des Berges, wo er sich steil in das Tal des Darro hinabsenkt. In der Mitte dieses Beckens gähnte die Öffnung jenes Lochs. Sanchica wagte sich an den Rand und schaute hinein. Alles war schwarz wie Pech und bot ein Bild unermesslicher Tiefe. Ihr Blut ward zu Eis; sie ging zurück, blickte wieder hin, wollte weglaufen und warf noch einen Blick hinein, – selbst das Schauderhafte der Sache war anlockend. Zuletzt rollte sie einen großen Stein herbei und warf ihn über den Rand. Eine Zeit lang fiel er lautlos; dann traf er auf felsige Vorsprünge, und sie hörte ein starkes Krachen, dann sprang er rumpelnd und polternd von einer Seite zur andern, mit donnerähnlichem Lärm, fiel endlich tief, tief unten in das Wasser – und alles war wieder still. Dieses Schweigen dauerte aber nicht lange. Es schien, als wäre etwas in diesem öden Schlunde wach geworden. Ein murmelnder Ton erhob sich nach und nach aus der Tiefe, wie das Summen eines Bienenstocks. Es wurde lauter und lauter; es war ein Getöse von Stimmen, wie das Murmeln einer fernen Menge, und ein schwaches Klirren von Waffen, Cymbelnklang und Trompetenschall, als wenn der Herr in den Eingeweiden des Bergs sich zur Schlacht fertig mache.

Mit stummen Schrecken ging das Kind weg und eilte zu der Stelle, wo es seine Eltern und Gespielinnen gelassen hatte. Alle waren fort. Das Freudenfeuer war am Erlöschen, und die letzten Rauchwolken kräuselten sich im Mondschein empor. Die fernen Feuer, welche auf der Vega und den Bergen entlang gelodert hatten, waren alle erloschen, und rings schien alles in Ruhe versunken zu sein. Sanchica rief ihre Eltern und einige ihrer Gespielinnen bei den Namen, erhielt aber keine Antwort. Sie lief die Seite des Bergs hinab und die Gärten des Generalife entlang, bis sie in die Baumgänge kam, welche zur Alhambra führen, und wo sie sich auf eine Bank im Gebüsch setzte, um Atem zu schöpfen. Die Glocke in dem Wartturm der Alhambra schlug Mitternacht. Es herrschte eine tiefe Ruhe, als wenn die ganze Natur schliefe, nur dass ein ungesehener Bach, der unter der Halle des Buschwerks dahinfloss, einen leisen Klang hören ließ. Die ruhige Lieblichkeit der Nachtluft wiegte sie in den Schlaf, als ihr Auge von einem Glanz in der Entfernung getroffen ward, und sie zu ihrem Staunen einen langen Reiterzug maurischer Krieger erblickte, welche die Bergseite hinab und die laubigen Gänge entlangeilten. Einige waren mit Lanzen und Schildern bewaffnet, andere mit Säbeln und Hellebarden und mit polierten Harnischen, welche im Mondschein glänzten. Ihre Rosse hoben sich stolz und knirschten auf ihr Gebiss, aber ihr Schritt brachte nicht mehr Klang hervor, als wenn ihre

Hufe mit Filz belegt gewesen wären, und die Reiter waren alle blass wie der Tod. Unter ihnen ritt eine schöne Dame mit einer Krone auf dem Haupt und langen, goldenen, mit Perlen durchflochtenen Locken. Die Schabracke ihres Zelters war von Scharlachsamt mit Gold gestickt und schleifte auf dem Boden. Aber sie ritt ganz trostlos dahin und heftete ihre Augen stets auf den Boden.

Dann folgte ein Zug von prachtvoll in Gewänder und Turbane von verschiedenen Farben gekleideten Höflingen, und in ihrer Mitte ritt aus einem weißen Rosse König Boabdil el Chico, in einem königlichen, mit Juwelen bedeckten Mantel und eine von Diamanten funkelnde Krone auf dem Haupt. Die kleine Sanchica erkannte ihn an seinem gelben Bart und an der Ähnlichkeit mit seinem Porträt, das sie oft in der Gemäldegalerie des Generalife gesehen hatte. In Staunen und Bewunderung sah sie auf dieses königliche Gepränge, das glänzend unter den Bäumen vorüberzog; aber obgleich sie wusste, dass diese Monarchen und Höflinge und Krieger, die so blass aussahen, außer dem gewöhnlichen Kreis der Natur standen und nichts als Zauber- und Hexenwerk waren, schaute sie doch kühnen Herzens auf sie; solchen Mut gab ihr der geheimnisvolle Talisman der Hand, der um ihren Hals hing.

Als der Reiterzug vorüber war, stand sie auf und folgte. Er ging durch das große Tor der Gerechtigkeit, das weit offen stand; die alten Invaliden, welche die Wache hatten, lagen auf den Steinbänken des Turms, in tiefen, augenscheinlich bezauberten Schlaf begraben, und das Schattengepränge schwebte geräuschlos mit fliegendem Banner und stattlicher Haltung an ihnen vorüber. Sanchica war ihnen gefolgt; aber zu ihrem Staunen sah sie in dem Turm eine Öffnung in der Erde, welche in die Tiefe desselben hinabführte. Sie trat ein wenig näher und wurde ermutigt, weiterzuschreiten, als sie rohe Tritte in den Felsen gehauen und einen gewölbten Gang fand, welcher da und dort mit silbernen Lampen erhellt war, die Licht und lieblichen Duft zugleich ausströmten. Sie wagte sich weiter und kam zuletzt an einen großen Saal, welcher in der Tiefe des Bergs eingehauen und prachtvoll im maurischen Stil ausgeschmückt und durch Lampen von Silber und Kristall erleuchtet war. Hier saß auf einer Ottomane ein alter Mann in maurischer Tracht, mit einem langen, weißen Bart, schläfrig nickend und einen Stab in der Hand haltend, der ihm stets aus den Fingern schlüpfen zu wollen schien. In einiger Entfernung saß eine schöne Dame in altspanischer Tracht, mit einer kleinen, von Diamanten ganz funkelnden Krone, die Locken mit Perlen durchflochten und einer silbernen Laute sanfte Töne entlockend. Die kleine Sanchica erinnerte sich nun einer Geschichte, welche sie von den alten Leuten der Alhambra hatte erzählen hören, und welche eine gotische Prinzessin betraf, die ein alter arabischer Zauberer in die Mitte des Bergs eingeschlossen hatte, wo sie ihn durch die Gewalt der Musik in einen magischen Schlaf gebannt hielt.

Die Dame hielt erstaunt inne, als sie eine Sterbliche in dem bezauberten Saal sah. »Ist es der heilige Johannis-Abend?«, sagte sie.

»So ist's«, versetzte Sanchica.

»Dann ist für eine Nacht der magische Zauber aufgehoben. Komm hierher, Kind, und fürchte dich nicht! Ich bin eine Christin, wie du, obgleich mich ein Zauber hier fesselt.

Berühre mit dem Talisman, der an deinem Hals hängt, meine Fesseln, und ich werde diese Nacht frei sein.«

Bei diesen Worten öffnete sie ihre Gewänder und zeigte einen breiten goldenen Ring, der ihren Leib umschloss, und eine goldene Kette, welche sie an den Boden fesselte. Das Kind zauderte nicht, die kleine Gagathand an den goldenen Ring zu halten, und augenblicklich fiel die Kette zu Boden. Bei dem Klang erwachte der Alte und rieb sich die Augen; aber die Dame ließ ihre Finger über die Saiten der Harfe gleiten, und er fiel wieder in Schlaf und begann zu nicken und sein Stab in seiner Hand zu schwanken. »Jetzt«, sagte die Dame, »berühre seinen Stab mit deiner zauberreichen Gagathand.« Das Kind tat so, und er fiel aus seiner Hand, und der Alte sank in tiefen Schlaf auf die Ottomane. Die Dame legte ihre Laute nun auf die Ottomane und lehnte sie gegen den Kopf des schlafenden Zauberers; dann berührte sie die Saiten, bis die Töne an seinem Ohr anschlugen, und sagte: »O mächtiger Geist der Musik, halte seine Sinne so gefangen, bis der Tag wiederkehrt! Nun folge mir, mein Kind«, fuhr sie fort, »und du sollst die Alhambra sehen, wie sie war in ihren glorreichen Tagen, denn du hast einen magischen Talisman, der allen Zauber enthüllt.« Stumm folgte Sanchica der Dame. Sie gingen durch die Öffnung der Höhle in den Gang des Tors der Gerechtigkeit und von da auf die Plaza de los Algibes, oder die Esplanada innerhalb der Veste. Diese war mit maurischen Kriegern, Fußvolk und Reiterei, in Scharen geordnet und die Fahnen entrollt, angefüllt. Auch standen an dem Portal königliche Wachen und Reihen afrikanischer Schwarzen mit gezogenen Säbeln. Niemand sprach ein Wort, und Sanchica folgte ihrer Führerin furchtlos. Ihr

Staunen wuchs, als sie in den königlichen Palast trat, in welchem sie aufgewachsen war. Der helle Mondschein erleuchtete alle Säle und Höfe und Gärten, als wär es Tag, zeigte aber ein Schauspiel, das sich von dem, was sie hier zu sehen gewöhnt war, sehr unterschied. Die Wände der Gemächer waren nicht mehr von der Zeit befleckt und aufgerissen. Statt der Spinnenweben hingen reiche Seidenzeuge von Damaskus hier, und die Vergoldungen und arabischen Malereien hatten ihren ursprünglichen Glanz und ihre Frische wieder. Statt der leeren, schmucklosen Säle standen nun Diwane und Ottomanen von den reichsten Stoffen da, mit Perlen besetzt und mit köstlichen Steinen ausgelegt, und alle Brunnen in den Höfen und Gärten sprangen.

Die Küchen waren wieder in voller Tätigkeit, die Köche bereiteten geschäftig Schattengerichte und rösteten und brieten die Phantome von Hühnern und Schnepfen; Diener eilten aus und ein, Silberschüsseln mit Leckereien tragend und ein kostbares Mahl herrichtend. Der Löwenhof war voller Wachen und Höflinge und Alfaquis* wie in den alten Zeiten der Mauren; und an dem oberen Ende des Saals der Gerechtigkeit saß Boabdil auf seinem Thron, von seinem Hof umgeben und diese Nacht ein Schattenzepter schwingend. Ungeachtet dieses Gedränges und scheinbaren Durcheinanders war keine Stimme, kein Fußtritt zu hören; nichts unterbrach das mitternächtliche Schweigen als das Plätschern der Brunnen. Die kleine Sanchica folgte ihrer Führerin in stummem Staunen durch den Palast, bis sie an ein Tor kamen, welches zu den gewölbten Gängen unter dem großen Turm

* Maurische Priester

des Comares führte. An jeder Seite des Tors saß die Gestalt einer Nymphe von Alabaster. Ihre Köpfe waren seitwärts gewendet und ihre Blicke auf dieselbe Stelle in dem Gewölbe gerichtet. Die bezauberte Dame stand still und winkte das Kind zu sich. »Hier«, sagte sie, »ist ein großes Geheimnis, und ich will es dir zum Lohn für deine Treue und deinen Mut enthüllen. Diese verschwiegenen Statuen bewachen einen großen Schatz, den ein alter Maurenkönig hier verborgen hat. Sage deinem Vater, er soll die Stelle suchen, auf welche ihre Augen gerichtet sind, und er wird etwas finden, das ihn reicher machen wird, als irgendein Mann zu Granada ist. Deine unschuldigen Hände aber allein können, da du auch in dem Besitz des Talismans bist, den Schatz heben. Heiß deinen Vater ihn klug anwenden und einen Teil davon zum Lesen täglicher Messen für die Befreiung meiner Seele aus diesem unheiligen Zauber bestimmen.«

Als die Dame diese Worte gesprochen hatte, führte sie das Kind weiter zu dem kleinen Garten der Lindarara, der nahe bei dem Gewölbe der Statuen ist. Der Mond zitterte auf den Wellen des einsamen Brunnens in der Mitte des Gartens und goss ein zartes Licht auf die Orangen- und Zitronenbäume. Die schöne Dame riss einen Myrtenzweig ab und flocht ihn um den Kopf des Kindes. »Lass dir dies ein Andenken an das sein«, sagte sie, »was ich dir entdeckt habe, und ein Beweis von dessen Wahrheit. Meine Stunde ist gekommen, – ich muss in den bezauberten Saal zurückkehren; folge mir nicht, damit dir kein Unglück begegne, – lebe wohl. Gedenke meiner Worte und lass Messen für meine Erlösung lesen!« Bei diesen Worten ging die Dame in einen dunklen Gang, der unter den Turm des Comares führte, und war nicht mehr zu sehen.

Aus den Hütten unten an der Alhambra, im Darrotal, wurde jetzt das Krähen eines Hahns schwach gehört, und ein blasser Lichtstreifen begann sich über den östlichen Bergen zu zeigen. Ein leichter Wind erhob sich, und es klang wie das Rascheln dürrer Blätter in den Höfen und Gängen, und Tür um Tür schloss sich mit knarrendem Tone.

Sanchica kehrte durch die Räume zurück, welche sie vor Kurzem noch mit der Schattenmenge angefüllt sah, aber Boabdil und sein Scheinhof waren verschwunden. Der Mond schien in die Säle und Galerien, die ihres vorübergehenden Glanzes beraubt und wieder leer waren, befleckt und verderbt von der Zeit, und mit Spinnengeweben rings behangen. In dem ungewissen Licht flatterte die Fledermaus umher, und in dem Fischteich quakte der Frosch.

Sanchica eilte nun, so viel sie konnte, zu einer fernen Treppe, welche zu der ärmlichen Wohnung führte, die ihre Familie einnahm. Die Tür war wie gewöhnlich offen, denn Lope Sanchez war zu arm, um Riegel oder Schloss zu bedürfen. Sie suchte still ihr Lager, legte den Myrtenkranz neben sich und versank alsbald in Schlaf.

Am Morgen erzählte sie ihrem Vater alles, was ihr begegnet war. Lope Sanchez aber betrachtete das Ganze als einen bloßen Traum und lachte das Kind wegen seiner Leichtgläubigkeit aus. Er ging seiner gewöhnlichen Arbeit in dem Garten nach, war aber noch nicht lange da, als sein Töchterchen fast atemlos gelaufen kam: »Vater, Vater!«, rief sie; »sieh den Myrtenkranz, den mir die maurische Dame um den Kopf gewunden hatte.«

Lope Sanchez sah mit Erstaunen hin, denn der Stängel der Myrte war von lauterem Gold, und jedes Blatt war ein funkelnder Smaragd! Da er nicht viel mit Edelsteinen zu schaffen gehabt hatte, kannte er den wirklichen Wert des Kranzes nicht, sah aber genug, um sich für überzeugt zu halten, dass er etwas Wesentlicheres sei als die Dinge, aus denen Träume gewöhnlich bestehen, und dass das Kind auf jeden Fall nicht ganz vergeblich geträumt habe. Seine erste Sorge war, seiner Tochter das unbedingteste Stillschweigen anzubefehlen; in dieser Beziehung war er jedoch sicher, denn sie war verschwiegener, als ihre Jahre erwarten ließen. Er ging nun in das Gewölbe, in welchem die Statuen der zwei Nymphen von Alabaster standen. Er sah, dass ihre Köpfe von dem Eingang abgewendet, und dass die Blicke einer jeden auf dieselbe Stelle in dem Innern des Gebäudes gerichtet waren. Lope Sanchez konnte diese sehr kluge Erfindung, ein Geheimnis zu bewahren, nur bewundern! Er zog eine Linie von den Augen der Statuen zu dem Punkte, auf den ihr Blick geheftet war, machte ein heimliches Zeichen auf die Wand und ging weg.

Lope Sanchez Geist war jedoch den ganzen Tag von tausend Sorgen beunruhigt. Er konnte nicht umhin, die Statuen von fern im Auge zu behalten, und wurde fast krank aus Angst, das goldene Geheimnis möchte entdeckt werden. Jeder Fußtritt, welcher sich dem Ort näherte, machte ihn beben. Er hätte alles darum gegeben, hätte er die Köpfe der Statuen nur wenden können, und vergaß ganz, dass sie schon mehre Jahrhunderte in derselben Richtung blickten, ohne dass darum jemand klüger geworden wäre.

»Hol' sie der Teufel«, sagte er zu sich selbst; »sie werden

alles verraten. Hat je ein Mensch gehört, dass man ein Geheimnis so bewahrt?« Wenn er dann jemand kommen hörte, stahl er sich weg, als ob sein Weilen so nah an diesem Ort Verdacht erregen könnte. Dann kehrte er vorsichtig zurück, schaute von Ferne hin, um zu sehen, ob noch alles beim Alten wäre; aber der Anblick der Statuen erweckte wieder seinen ganzen Unwillen. »Ach, da stehen sie«, sagte er, »und sehen und sehen und sehen immer dahin, wohin sie nicht sehen sollten. Wären sie beim Henker! Sie sind wie alle ihres Geschlechts; wenn sie keine Zungen haben, mit denen sie plaudern können, so tun sie's gewiss mit ihren Augen.«

Endlich näherte sich zu seiner Freude der ängstliche Tag seinem Ende. Man vernahm keine Fußtritte mehr in den hallenden Sälen der Alhambra; der letzte fremde Besucher überschritt die Schwelle, das große Tor wurde verriegelt und verschlossen, und die Fledermaus und der Frosch und die heulende Eule übernahmen allmählich wieder ihre nächtlichen Geschäfte in dem verlassenen Palast.

Lope Sanchez wartete gleichwohl, bis die Nacht weit vorgeschritten war, ehe er sich mit seiner kleinen Tochter in den Saal der zwei Nymphen wagte. Er fand sie so verschwiegen und geheimnisvoll wie immer auf den verborgenen Schein seines Glücks schauend. »Mit Eurer Erlaubnis, holde Damen«, dachte Lope Sanchez, als er zwischen ihnen durchging, »ich will Euch von Eurem Dienst, der die vergangenen zwei oder drei Jahrhunderte so schwer auf Euren Herzen gelastet haben mag, erlösen.« Er begann sodann an dem von ihm bezeichneten Teil der Mauer seine Arbeit und öffnete nach einer kleinen Weile eine versteckte Vertiefung, in welcher zwei große Porzellankrüge standen. Er versuchte sie herauszunehmen, aber sie waren unbeweglich, bis die unschuldige Hand seines Töchterchens sie berührte. Mit ihrer Hilfe brachte er sie aus der Nische und sah zu seiner größten Freude, dass sie mit maurischen Goldstücken nebst Juwelen und Edelsteinen gefüllt waren. Vor Tagesanbruch wusste er sie in seine Stube zu bringen und verließ die zwei wachthabenden Statuen mit ihren auf die leere Wand gerichteten Augen.

So war Sanchez plötzlich ein reicher Mann geworden; aber der Reichtum brachte, wie gewöhnlich, eine Welt voll Sorgen mit sich, denen er bisher gänzlich fremd gewesen war. Wie sollte er seinen Schatz in Sicherheit bringen? Wie sollte er desselben genießen, ohne Verdacht zu erregen? Zum ersten Mal in seinem Leben erwachte jetzt auch die Furcht vor Räubern in seiner Seele. Er blickte mit Schauer und Schrecken auf die Unsicherheit seiner Wohnung und machte sich daran, Türen und Fenster zu verschließen und zu verrammeln; gleichwohl konnte er nach allen diesen Vorsichtsmaßregeln nicht ruhig schlafen. Seine gewöhnliche Heiterkeit war dahin, er hatte für seine Nachbarn keinen Scherz und keine Lieder mehr, – kurz, er wurde das unglücklichste Geschöpf in der Alhambra. Seine alten Kameraden bemerkten seine Veränderung, bemitleideten ihn von Herzen und fingen an, sich von ihm zurückzuziehen, indem sie vermuteten, er möchte in Not geraten sein und Gefahr laufen, sie um Hilfe ansprechen zu müssen. Der Gedanke, dass sein ganzes Elend Reichtum sei, lag ihnen sehr fern.

Die Frau unseres Lope Sanchez teilte seine Angst, aber sie hatte dafür geistlichen Trost. Wir hätten schon früher erwähnen sollen, dass, da Lope ein etwas leichter, unbesonnener, kleiner Mann war, seine Frau sich gewöhnt hatte, in allen wichtigen Gegenständen den Rat und Beistand ihres Beichtvaters, des Pater Simon, zu suchen, eines starken, breitschultrigen, blaubärtigen, rundköpfigen Mönchs aus dem nahen Franziskanerkloster, welcher in der Tat der geistliche Tröster der Hälfte der guten Weiber in der Umgegend war. Er stand außerdem in großer Achtung in verschiedenen Nonnenklöstern, welche ihm seine geistlichen Dienste durch häufige Geschenke von allerlei Leckereien und Spielereien, wie sie in Klöstern gemacht werden, belohnten, als da sind köstliches Eingemachtes, Zuckerbrot und Flaschen voll würziger Herzstärkungen, welche sich nach Fasten und Wachen als treffliche Erquickung auswiesen.

Pater Simon gedieh in der Ausübung seiner Pflichten. Sein öliges Gesicht glänzte in dem Sonnenschein, wenn er sich an einem heißen Tag den Hügel der Alhambra hinaufarbeitete. Bei allen Annehmlichkeiten seiner Lage zeigte aber doch das knotige Seil um seinen Leib die Strenge der Zucht, die er gegen sich selbst übte, die Menge zog die Mützen vor ihm als einem Spiegel der Frömmigkeit, und selbst die Hunde spürten den Geruch der Heiligkeit, welcher seiner Kutte entströmte, und heulten aus ihren Löchern, wenn er vorüberging.

Dieser Art war Pater Simon, der geistliche Ratgeber des holdseligen Weibs von Lope Sanchez; und da der Beichtvater der innigste Vertraute der Frauen in Spanien ist, so war er bald, natürlich ganz im Geheimen, mit der Geschichte des verborgenen Schatzes bekannt.

Der Mönch sperrte Mund und Augen auf und bekreuzte

sich zwölfmal bei dieser Nachricht. Nach einer kurzen Pause sagte er: »Tochter meiner Seele! Wisse, dein Mann hat eine doppelte Sünde begangen, – eine Sünde gegen den Staat und gegen die Kirche. Der Schatz, den er so für sich behalten hat, ist in den Besitzungen des Königs gefunden worden und steht folglich der Krone zu; da er aber den Ungläubigen gehörte und gewissermaßen den Klauen des Satans entrissen worden ist, sollte er der Kirche geweiht sein. Doch lässt sich die Sache immer noch beilegen. Bringe den Myrtenkranz hierher.«

Als der gute Pater diesen sah, glänzten seine Augen mehr denn je vor Bewunderung der Größe und Schönheit der Smaragde. »Da dieses die ersten Früchte der Entdeckung sind«, sagte er, »sollte es billig frommen Zwecken geweiht sein. Ich will es in einem Schrein vor dem Bilde des heiligen Franziskus in unserer Kapelle aufhängen und ihn noch in dieser Nacht angelegentlich bitten, dass dein Mann im ruhigen Besitze eures Reichtums bleibe.«

Die gute Frau war froh, dass sie so wohlfeilen Kaufs ihren Frieden mit dem Himmel machen konnte, und der Mönch, der den Kranz unter seinen Mantel steckte, schritt dem Kloster mit eiligen Schritten zu.

Als Lope Sanchez nach Hause kam, erzählte ihm seine Frau, was vorgegangen war. Er war sehr ärgerlich; denn ihm fehlte der fromme Sinn seiner Frau, und er seufzte schon seit einiger Zeit über die vertraulichen Besuche des Mönchs. »Frau«, sagte er, »was hast du getan? Du hast durch dein Plaudern alles auf das Spiel gesetzt.«

»Was?«, rief die gute Frau; »willst du mir verbieten, mein Gewissen vor meinem Beichtvater zu entladen?«

»Nein, Frau! Beichte von deinen Sünden, so viel du nur willst; aber dieses Schatzgraben ist meine Sünde, und mein Gewissen ist sehr leicht unter der Last derselben.«

Allein das Klagen half jetzt nichts mehr, das Geheimnis war nun einmal ausgeplaudert und ließ sich, wie auf den Sand gegossenes Wasser, nicht wieder zurücknehmen. Ihre einzige Hoffnung gründete sich auf die Verschwiegenheit des Mönchs.

Während Lope Sanchez am nächsten Tage draußen war, ließ sich ein leises Klopfen an der Tür hören, und Pater Simon trat mit freundlicher, sittsamer Miene ein.

»Tochter«, sagte er, »ich habe inbrünstig zu dem heiligen Franziskus gebetet, und er hat mein Gebet erhört. In der Mitte der Nacht ist mir der Heilige im Traum erschienen, aber sein Antlitz zürnte. Höre«, sagte er, »du betest zu mir, um Vergebung wegen dieses heidnischen Schatzes zu erhalten, während du die Armut meiner Kapelle siehst? Gehe in das Haus des Lope Sanchez, bitte ihn in meinem Namen um einen Teil des maurischen Golds, um zwei Leuchter für den Hauptaltar zu kaufen, und lass ihn das Übrige in Frieden besitzen.«

Als die gute Frau von dieser Erscheinung hörte, kreuzte sie sich ehrerbietig, ging zu dem geheimen Plätzchen, wo Lope seinen Schatz verborgen hatte, und füllte einen großen ledernen Beutel mit Stücken maurischen Golds und gab ihn dem Mönch. Dagegen erteilte der Mönch Segen genug, um, wenn der Himmel ihn auslöst, ihr Geschlecht bis in die spätesten Zeiten zu bereichern, ließ dann den Beutel in den Ärmel seiner Kutte gleiten, faltete seine Hände über seiner Brust und schied mit einer Miene demütiger Dankbarkeit.

Als Lope Sanchez von diesem zweiten der Kirche gemachten Geschenk hörte, geriet er fast außer sich. »Ich unglücklicher Mann«, rief er, »was soll aus mir werden? Ich werde stückweise beraubt; ich werde zu Grunde gerichtet und an den Bettelstab gebracht werden!«

Nur mit großer Mühe konnte ihn seine Frau beruhigen, indem sie ihn an den ungeheuren Reichtum erinnerte, welcher ihm noch verblieb, und ihn fühlen ließ, wie gütig es von dem heiligen Franziskus sei, sich mit einem spärlichen Anteil zu begnügen.

Unglücklicherweise hatte Pater Simon eine Anzahl armer Verwandte, für welche gesorgt werden musste, einiger halben Dutzend starker, rundköpfiger Waisen- und verlassener Findelkinder nicht zu gedenken, die er unter seinen Schutz genommen hatte. Er wiederholte daher von Tag zu Tag seine Besuche und seine Bitten zum Besten des heiligen Dominikus, des heiligen Andreas, des heiligen Jakob, bis der arme Lope in Verzweiflung geriet und fand, dass, wenn er sich dem Bereich des frommen Mönchs nicht entzöge, er jedem Heiligen des Kalenders Sühnopfer würde bringen müssen. Er beschloss daher, den ihm noch bleibenden Schatz zusammenzupacken, heimlich in der Nacht aufzubrechen und in einen andern Teil des Königreichs zu ziehen.

Voll von diesem Plan kaufte er ein starkes Maultier und band es in einem dunkeln Gewölbe unten in dem Turm der sieben Stockwerke an, an derselben Stelle, wo der Belludo, d. h. das Koboldpferd ohne Kopf, um Mitternacht herauskommen und durch die Straßen von Granada, gefolgt von einer Meute Höllenhunde, rennen soll. Lope Sanchez schenkte der Geschichte wenig Glauben, benutzte aber die dadurch erweckte Furcht; denn er wusste wohl, dass sich niemand leicht in den unterirdischen Stall des Gespensterrosses wagen würde. Im Laufe des Tages schickte er seine Familie mit dem Befehl weg, ihn in einem entfernten Dorf der Vega zu erwarten. Als die Nacht vorrückte, brachte er seinen Schatz in das Gewölbe unter dem Turm, belud sein Maultier damit, führte es heraus und leitete es vorsichtig den dunkeln Weg abwärts.

Der ehrliche Lope hatte diese Maßregeln in der größten Stille genommen und sie niemandem als dem treuen Weibe seines Herzens mitgeteilt. Durch irgendeine wunderbare Offenbarung jedoch waren sie dem Pater bekannt geworden. Der eifrige Mönch sah diese heidnischen Schätze auf dem Punkt, seinen Krallen auf immer entrissen zu werden, und beschloss, zum Besten der Kirche und des heiligen Franziskus noch einen Griff in dieselben zu tun. Als daher die Glocken zu den *animas Animas** geläutet hatten und die ganze Alhambra still war, schlich er sich aus seinem Kloster, eilte durch das Tor der Gerechtigkeit nieder und verbarg sich im Dickicht der Rosen und Lorbeeren, welche den großen Zugang säumen. Hier blieb er und zählte die Viertelstunden, wenn die Uhr auf dem Wartturm schlug, und lauschte auf das schauerliche Geheul der Eulen und das ferne Bellen der Hunde aus den Zigeunerhöhlen.

---

* Das Abendgeläut, um an die Fürbitte für die Seelen im Fegfeuer zu erinnern.

Endlich hörte er Fußtritte und sah durch das Düster der überschatteten Bäume etwas, das wie ein Lasttier aussah, den Weg herabkommen. Der stämmige Mönch schmunzelte bei dem Gedanken, welchen klugen Streich er dem guten Lope zu spielen im Begriffe stehe.

Er band seine Kutte auf und krümmte sich wie eine Katze, die eine Maus auf dem Korn hat, und harrte so, bis sein Raub gerade vor ihm war, wo er aus seinem laubigen Versteck hervorbrach, eine Hand auf das Schulterblatt, die andere auf das Kreuz des Esels legte, einen Sprung machte, der dem geübtesten Stallmeister zur Ehre gereicht hätte, und sich rittlings auf dem Tier festsetzte. »Aha«, sagte der Mönch, »jetzt wollen wir sehen, wer das Spiel am besten versteht.« Er hatte diese Worte kaum ausgesprochen, als das Tier anfing auszuschlagen, sich zu Bäumen und Sätze zu machen, und dann in vollem Laufe den Berg hinausschoss. Der Mönch versuchte das Tier aufzuhalten, aber vergebens. Es sprang von Fels zu Fels, von Busch zu Busch; des Mönchs Kutte war in Fetzen zerrissen und flatterte im Wind; sein geschorener Schädel erhielt manchen harten Schlag von den Baumästen und manche Schramme von dem Gesträuch. Um seinen Schrecken und Jammer zu vermehren, sah er eine Meute von sieben Hunden in vollem Bellen an seinen Fersen, und bemerkte zu spät, dass er sich wirklich auf den schrecklichen Belludo geschwungen hatte.

Fort stürmten sie in Windeseile den großen Weg hinab, über die Plaza Nueva, den Zacatin entlang, um die Vivairambla, – nie flogen Jäger und Hund so pfeilschnell dahin, oder machten einen so höllischen Lärm. Vergebens rief der Mönch jeden Heiligen des Kalenders an und die gebenedeite

Jungfrau obendrein: so oft er einen Namen dieser Art nannte, wirkte es wie ein frischer Spornstoß und verursachte, dass der Belludo einen haushohen Satz machte. Den übrigen Teil der Nacht hindurch wurde der unglückliche Pater Simon dahin und dorthin und wohin er nicht wollte geführt, bis jeder Knochen an seinem Leibe mürbe war und er sich so schändlich wund geritten hatte, dass man es kaum zu sagen vermag. Wieder ging es über die Vivairambla, den Zacatin, die Plaza Nueva und den Brunnenweg, und die sieben Hunde heulten und bellten und schnappten nach den Fersen des erschreckten Paters. Der erste Morgenstrahl schoss empor, als sie den Turm erreichten; hier schlug das Koboldpferd kräftig hinten aus, schickte den Mönch mit einem Purzelbaum durch die Luft und stürzte, gefolgt von der höllischen Meute, in das dunkle Gewölbe, und ein tiefes Schweigen folgte dem eben noch so betäubenden Lärm.

Ist jemals einem Mönch solch ein verteufelter Streich gespielt worden? Ein Bauer, der mit der Dämmerung an seine Arbeit ging, fand den unglücklichen Pater Simon am Fuß des Turms unter einem Feigenbaum liegen, aber so zerquetscht und zerschellt, dass er weder sprechen, noch sich regen konnte. Er wurde mit aller Sorgfalt und Aufmerksamkeit in seine Zelle geführt, und das Gerücht verbreitete sich, Räuber hätten ihn angegriffen und misshandelt. Ein oder zwei Tage vergingen, ehe er wieder zum Gebrauch seiner Glieder kam; er tröstete sich mittlerweile mit dem Gedanken, dass er, obgleich ihm das Maultier mit dem Schatz entgangen war, doch vorläufig einen guten Teil von der heidnischen Beute wegbekommen hätte. Als er sich wieder bewegen konnte, war es seine erste Sorge, unter seinem Lager zu suchen, wo er den Myrtenkranz und die ledernen Beutel mit Gold, die er der Frömmigkeit der Frau Sanchez abgezwungen, verborgen hatte. Wie groß aber war sein Jammer, als er sah, dass der Kranz wirklich nur ein verwelkter Myrtenkranz und die ledernen Beutel mit Sand und Geröll gefüllt waren!

Pater Simon hatte bei all seinem Schmerze die Klugheit zu schweigen, da das Verraten des Geheimnisses ihn beim Publikum nur lächerlich gemacht und die Strafe seines Vorgesetzten auf ihn herabgezogen haben würde. Erst viele Jahre später, auf seinem Todesbett, entdeckte er seinem Beichtvater seinen nächtlichen Ritt auf dem Belludo.

Von Lope Sanchez hörte man lange nach seinem Abzug aus der Alhambra durchaus nichts. Man erinnerte sich seiner stets gern als eines fröhlichen Genossen, obgleich man aus dem Gram und der Schwermut, welche er kurz vor seiner geheimnisvollen Abreise in seinem Benehmen zeigte, schließen zu müssen glaubte, Armut und Unglück habe ihn zu einem verzweifelten Entschluss gebracht. Einige Jahre später wurde einer seiner alten Freunde, ein invalider Soldat, der zu Malaga war, von einem sechsspännigen Wagen umgeworfen und fast überfahren. Der Wagen hielt an; ein alter, reich gekleideter Herr, mit einem Degen und Haarbeutel, stieg aus, um dem armen Invaliden beizustehen. Wie groß war des Letzteren Erstaunen, als er in diesem vornehmen Kavalier seinen alten Freund Lope Sanchez erkannte, der eben die Vermählung seiner Tochter Sanchica mit einem der ersten Granden des Landes feierte!

Im Wagen saß das Brautpaar. Da war auch Frau Sanchez, die jetzt so rund geworden war wie ein Fass und Federn und

Juwelen und Halsbänder von Perlen und Diamantschmuck und Ringe an jedem Finger und einen Kleiderputz trug, den man seit den Zeiten der Königin von Saba nicht mehr gesehen hatte. Die kleine Sanchica war jetzt zur Frau herangewachsen, und nach ihrer Anmut und Schönheit hätte man sie für eine Herzogin, ja geradezu für eine Prinzessin halten können. Der Bräutigam saß neben ihr, – ein etwas abgelebter, spindelbeiniger kleiner Mann, aber das bewies schon, dass er von echtem Geblüt war, – denn ein wahrer spanischer Grande hat selten mehr als vier Fuß Höhe. Die Mutter hatte die Heirat zuwege gebracht.

Der Reichtum hatte das Herz des ehrlichen Lope nicht verderbt. Er behielt seinen alten Kameraden mehrere Tage bei sich, bewirtete ihn wie ein König, nahm ihn mit in Schauspiele und Stiergefechte und sandte ihn endlich ganz beglückt nach Haus, mit einem dicken Sack Geldes für sich und einem anderen, den er unter seine alte Freunde in der Alhambra verteilen sollte.

Lope pflegte zu erzählen, ein reicher Bruder sei ihm in Amerika gestorben und habe ihm eine Kupfermine hinterlassen; aber die verschlagenen Plaudertaschen der Alhambra bestanden darauf, sein Reichtum rühre von nichts anderem her als dem Umstand, dass er das von den zwei alabasternen Nymphen der Alhambra bewahrte Geheimnis entdeckt habe. Es wird bemerkt, dass diese zwei höchst verschwiegenen Statuen bis auf den heutigen Tag ihre Augen sehr bedeutungsvoll auf dieselbe Stelle in der Wand gefesselt halten, was manchen glauben lässt, es sei noch irgendein Schatz, welcher der Aufmerksamkeit eines unternehmenden Reisenden wert sein möchte, dort verborgen; obgleich andere, und vorzüglich weibliche Besucher sie mit großem Wohlgefallen als stete Monumente der Tatsache betrachten, dass Frauen ein Geheimnis zu bewahren vermögen

Die Sage vom Vermächtnis
des Mauren

In der Festung der Alhambra, vor dem königlichen Palast, ist eine breite, offene Esplanade, welche der Platz der Zisternen (La Plaza de los Algibes) genannt wird, weil sie von Wasserbehältern, die vor dem Auge verborgen sind und noch aus der Zeit der Mauren herstammen, untergraben ist. In der einen Ecke dieses Platzes ist ein maurischer Brunnen, der bis zu erstaunlicher Tiefe in den lebendigen Fels gehauen und dessen Wasser so kalt wie Eis und so klar wie Kristall ist. Die von den Mauren gebauten Brunnen sind stets in Ansehen, denn es ist bekannt, welche Mühe sie sich gaben, um zu den reinsten und besten Quellen und Brunnen durchzudringen. Der, von dem wir hier reden, ist in ganz Granada berühmt, da die Wasserträger, bald mit großen Wassergefäßen auf ihren Schultern, bald Esel mit irdenen Krügen vor sich hertreibend, die steilen buschigen Zugänge der Alhambra, vom frühesten Morgen bis zur späten Abendzeit, auf- und absteigen.

Brunnen und Quellen waren immer, seit den Tagen der Heiligen Schrift, als Plauderplätze in den heißen Himmelsstrichen bekannt und an dem fraglichen Brunnen wird den lieben langen Tag von den Invaliden, den alten Weibern und anderem neugierigen, nichtstuerischen Volk der Festung ein ständiger Klub gehalten; sie sitzen da auf den steinernen Bänken, unter einem über den Brunnen gedeckten Dach, um die Zolleinnehmer vor der Sonne zu schützen und beschwatzen die Vorfälle der Festung und fragen jeden Wasserträger, der da kommt, über die Stadtneuigkeiten, und machen lange Betrachtungen über alles, was sie sehen und hören. Zu jeder Stunde des Tags sieht man zaudernde Weiber und müßige Mägde hier mit dem Krug in der Hand oder auf dem Kopf weilen, um den Schluss des endlosen Gewäschs dieser Ehrenleute zu hören.

Unter den Wasserträgern, welche einst zu diesem Brunnen kamen, war ein starker, breitschultriger, krummbeiniger kleiner Kerl, Namens Pedro Gil, den man aber der Kürze wegen Peregil hieß. Als Wasserträger war er natürlich ein Gallego, oder Galicier. Die Natur scheint Geschlechter von Menschen, wie von Tieren, für verschiedene Arten von Plackerei geschaffen zu haben. In Frankreich sind alle Schuhputzer Savoyarden, alle Türhüter Schweizer – und in den Tagen der Reifröcke und des Haarpuders konnte niemand eine Sänfte gehörig in Gang bringen, als ein langbeiniger Irländer. So sind in Spanien die Wasser- und Lastträger sämtlich stämmige kleine Leute aus Galicien. Niemand sagt: »Schafft mir einen Träger«, – sondern »ruft einen Gallego.«

Um von dieser Abschweifung zurückzukommen: Peregil der Gallego hatte sein Geschäft bloß mit einem großen irdenen Krug angefangen, den er auf seiner Schulter trug; allmählig hob er sich in der Welt und war im Stand, sich einen Gehilfen von einer entsprechenden Klasse von Tieren anzuschaffen – nämlich einen starken, zottelhaarigen Esel. Auf

jeder Seite dieses langohrigen Adjutanten waren in einer Art
Korb seine Wasserkrüge, auf welchen Feigenblätter lagen, um
sie vor der Sonne zu bedecken. Es gab keinen fleißigeren
Wasserträger in ganz Granada, und auch keinen fröhlicheren. Die Straßen hallten von seiner lustigen Stimme wieder,
während er seinem Esel nachtrabte und das gewöhnliche
Sommerlied sang, das man in allen spanischen Städten hört;
»Quien quiere agua – agua mas fria que la nieve?« – Wer will
Wasser – Wasser kälter als Schnee? Wer will Wasser von Brunnen der Alhambra, kalt wie Eis und klar wie Krystal. Wenn
er einem Kunden das klare Glas darreichte, hatte er stets ein
freundliches Wort zur Hand, das zum Lächeln zwang, und
wenn es vielleicht eine hübsche Dame oder eine schmucke
Maid mit Grübchen in den Wangen war, geschah es stets
mit einem schlauen Lächeln und einem Kompliment über
ihre Schönheit, das unwiderstehlich war. So war Peregil der
Gallego in ganz Granada als einer der höflichsten, lustigsten
und glücklichsten Menschen bekannt. Aber es ist nicht alles
Gold, was glänzt und der hat nicht das leichteste Herz, der
am lautesten singt und am meisten scherzt. Bei allem diesem
vergnügten Äußeren hatte der ehrliche Peregil seine Not und
Sorgen. Er hatte einen großen Haufen zerlumpter Kinder zu
ernähren, die hungrig und lärmend waren, wie ein Nest voll
junger Schwalben, und ihn jeden Abend bei seiner Rückkehr mit ihrem Geschrei nach Brot umringten. Er hatte auch
eine Gehilfin, aber er hatte nichts weniger als Hilfe von ihr.
Sie war vor ihrer Heirat eine Dorfschönheit gewesen – berühmt wegen ihrer Geschicklichkeit, den Bolero zu tanzen
und die Kastagnetten zu rühren; und sie behielt ihre früheren
Liebhabereien bei, vergeudete den mühsamen Erwerb des

ehrlichen Peregil in Putz und nahm sogar den Esel in Beschlag, um Lustpartien auf das Land zu machen, so oft ein Sonntag oder Festtag oder einer der zahllosen Feiertage kam, die in Spanien so zu sagen häufiger sind als die Tage der Woche. Bei allem dem war sie auch ein wenig von einer Schlumpe, etwas mehr von einer Faulenzerin und vor allem eine Klatsche von der ersten Sorte, die ihr Haus, ihren Haushalt und alles Übrige vernachlässigte, um in den Häusern ihrer geschwätzigen Nachbarn herumzufahren.

Er aber, der dem geschorenen Lamm den Wind zumisst, passt auch das Ehestandsjoch dem sich beugenden Nacken an. Peregil ertrug all die schweren Lasten von Weib und Kindern mit so mildem Sinn, wie sein Esel die Wasserkrüge, und obgleich er seine Ohren wohl für sich schüttelte, wagte er es doch nie, die Haushaltungstugenden seines schlumprigen Weibchens in Zweifel zu ziehen.

Er liebte seine Kinder auch, wie eine Eule ihre Eulchen liebt, weil sie in ihnen ihr eigenes Bild vervielfältigt und verewigt sieht; denn es war eine starke, breitschultrige, krummbeinige kleine Brut. Die größte Freude des ehrlichen Peregil aber war, wenn er sich zuweilen einen Feiertag machen konnte und einige Maravedis auszugeben hatte, das ganze Nest mit sich hinauszunehmen – einige auf dem Arm, einige an seinem Rockschoß hängend, und einige ihm auf den Fersen nachtrabend – um sie in den Gärten der Vega zu bewirten, während seine Frau mit ihren Feiertagsfreundinnen in den Angosturas des Darro tanzte.

Es war spät in einer Sommernacht, und die meisten Wasserträger hatten sich schon aus den Straßen entfernt. – Der Tag war ungewöhnlich heiß gewesen; die Nacht war eine jener köstlichen Mondscheinnächte, welche die Bewohner der südlichen Länder einladen, sich für die Hitze und Untätigkeit des Tages zu entschädigen, indem sie im Freien bleiben und die gemäßigte Milde der Luft bis nach Mitternacht genießen. Es waren daher noch Leute heraus, die Wasser forderten. Peregil dachte als ein besonnener, arbeitsamer, kleiner Vater an seine hungrigen Kinder und sagte zu sich: Noch einen Gang zum Brunnen, um einen Puchero für die Kleinen auf den Sonntag zu verdienen. Bei diesen Worten schritt er mutig den steilen Pfad zu der Alhambra hinan, sang unterwegs und gab dann und wann seinem Esel einen tüchtigen Schlag mit seinem Prügel in die Seite, entweder als Takt zu dem Lied oder als Ermunterung für das Tier; denn tüchtige Schläge dienen bei allen Lasttieren Spaniens statt des Hafers.

Als er an den Brunnen kam, fand er ihn von allen verlassen, einen einsamen Fremden in maurischem Gewand ausgenommen, der auf der Steinbank im Mondschein saß. Peregil hielt erst an und betrachtete ihn mit Staunen, das nicht ganz ohne Furcht war; aber der Maure winkte ihm mit schwacher Hand, sich zu nähern und sagte: »ich bin schwach und krank; hilf mir in die Stadt zurück und ich will dir das doppelte von dem bezahlen, was du mit deinen Wasserkrügen verdient hättest.«

Das biedere Herz des kleinen Wasserträgers war bei dieser Bitte des Fremden von Mitleid durchdrungen. »Gott verhüte«, sagte er, »dass ich einen Lohn oder eine Gabe für eine Handlung der Menschlichkeit verlange.« Er half also dem Mauren auf seinen Esel und zog langsam nach Granada hinab; der arme Moslem war so schwach, dass er ihn auf dem Tier halten musste, damit er nicht herabfiel.

Als sie in die Stadt kamen, fragte der Wasserträger, wohin er ihn führen solle. »Ach«, sagte der Maure schwach, »ich habe weder Haus noch Wohnung; ich bin ein Fremdling in dem Land. Lass mich mein Haupt diese Nacht unter deinem Dach niederlegen und du sollst reichlich belohnt werden.«

Der ehrliche Peregil sah sich auf diese Art unerwartet mit einem ungläubigen Gast belastet, war aber zu menschlich, um einem Mann, der in einer so verlassenen Lage war, ein Nachtlager zu versagen; er führte den Mauren daher in seine Wohnung. Die Kinder, die wie gewöhnlich, wenn sie den Tritt des Esels hörten, mit offenem Mund herauskamen, liefen erschreckt zurück, als sie den beturbanten Fremden sahen, und versteckten sich hinter ihrer Mutter. Die letztere schritt unerschrocken heraus, wie eine gluckende Henne vor ihrer Brut, wenn ein verlaufener Hund naht.

»Welchen ungläubigen Gefährten«, sagte sie, »bringst du in dieser späten Stunde in das Haus, um die Augen der Inquisition auf uns zu ziehen?«

»Sei ruhig, Frau!«, sagte der Gallego: »es ist ein armer, kranker Fremdling, ohne Freund und Obdach; wirst du ihn abweisen, dass er auf der Straße sterbe?«

Das Weib hätte sich noch gesträubt, denn obgleich sie in einer elenden Hütte lebte, so war sie doch eine eifrige Kämpferin für den Kredit ihres Hauses; aber der kleine Wasserträger war dieses Mal hartnäckig und wollte sich nicht unter das Joch beugen. Er half dem armen Moslem absteigen und breitete eine Matte und ein Schafsfell für ihn in dem kühlsten Teil des Hauses auf den Boden – ein besseres Bett konnte seine Armut nicht bieten.

Nach einer kleinen Weile bekam der Maure die heftigsten Krämpfe, die aller hilfreichen Geschicklichkeit des einfachen Wasserträgers trotzten. Das Auge des armen Kranken sprach seine Erkenntlichkeit aus. In einem schmerzfreien Augenblick rief er ihn an seine Seite und sagte mit leiser Stimme zu ihm: »Mein Ende, fürchte ich, ist nahe. Wenn ich sterbe, vermache ich dir diese Kapsel als Lohn für deine Güte.« Bei diesen Worten öffnete er seinen Albornoz oder das Überkleid, und zeigte eine kleine Kapsel von Sandelholz, die mit einem Riemen um seinen Leib gebunden war. »Gott gebe, mein Freund«, versetzte der würdige kleine Gallego, »dass Ihr viele Jahre lebt, um euch eures Schatzes zu erfreuen, welcher Art er auch sein mag.« Der Mann schüttelte den Kopf; er legte seine Hand auf die Kapsel und schien noch etwas in Bezug auf dieselbe sagen zu wollen, aber seine Krämpfe kamen mit erhöhter Heftigkeit zurück und nach einer kurzen Weile starb er.

Des Wasserträgers Weib war jetzt wie wahnsinnig. »Das kommt von deiner törichten Gutmütigkeit«, sagte sie, »die dich immer ins Unglück stürzt, um anderen zu helfen. Was wird aus uns werden, wenn man diese Leiche in unserm Hause findet? Man wird uns als Mörder ins Gefängnis stecken, und wenn wir mit dem Leben davon kommen, so werden uns die Advokaten und Gerichtsdiener zu Grund richten.«

Der arme Peregil war in gleicher Unruhe und bereute es beinahe, eine gute Tat getan zu haben. Endlich durchkreuzte ihn ein Gedanke. »Es ist noch nicht Tag«, sagte er, »und ich kann die Leiche aus der Stadt bringen und sie in dem Sand an den Ufern des Xenil begraben. Niemand sah den Mauren in unser Haus kommen und niemand soll etwas von seinem Tod erfahren.«

Wie gesagt, so getan. Die Frau half ihm. Sie wickelten die Leiche des unglücklichen Moslem in die Matte, auf welcher er gestorben war, legten sie über den Esel und Peregil zog mit ihr an das Ufer des Flusses.

Zum Unglück wohnte dem Wasserträger gegenüber ein Barbier namens Pedrillo Pedrugo, einer der neugierigsten, schwatzhaftesten und boshaftesten seiner klatschhaften Zunft. Es war ein wieselköpfiger, spinnenbeiniger Schurke, geschmeidig und zutunlich; der berühmte Barbier von Sevilla konnte ihn in umfassender Kenntnis der Angelegenheiten anderer nicht übertreffen und er konnte nicht mehr bei sich behalten, wie ein Sieb. Man sagte, er schliefe immer nur mit einem Auge, und habe ein Ohr unbedeckt, sodass er selbst im Schlaf alles hören und sehen konnte, was vorging. So viel ist gewiss, er war eine Art von Läster-Chronik für die Neuigkeitsüchtigen von Granada und hatte mehr Kunden als alle übrigen Barbiere der Stadt.

Dieser ruhelose Barbier hörte den Peregil zu einer ungewöhnlichen Stunde der Nacht ankommen; auch vernahm er das Geschrei von Weib und Kindern. Alsbald steckte er auch seinen Kopf aus dem kleinen Fenster, das ihm als eine Art Luge diente und sah seinen Nachbarn einem Mann in maurischem Gewand in seine Wohnung helfen. Dies war ein so auffallendes Ereignis, dass Pedrillo diese Nacht nicht eine Minute schlief. Alle fünf Minuten war er an seiner Luge und gab auf das Licht acht, das durch die Spalten der Tür des Nachbars flimmerte, und sah vor Anbruch des Tags Peregil mit seinem ungewöhnlich beladenen Esel abziehen.

Der neugierige Barbier war außer sich; er schlüpfte in seine Kleider, stahl sich schweigend fort und folgte in einiger Entfernung dem Wasserträger, wo er ihn denn auf dem Sandufer des Xenil eine Grube graben und etwas in dieselbe verscharren sah, das wie die Leiche eines Menschen aussah.

Der Barbier eilte nach Haus, polterte in seiner Bude umher und warf alles drunter und drüber, bis der Tag kam. Jetzt nahm er das Becken unter den Arm und eilte in das Haus seines täglichen Kunden, des Alcalde*.

Der Alcalde war eben aufgestanden. Pedrillo Pedrugo setzte ihm einen Stuhl, band ihm eine Serviette um den Hals, steckte ihm ein Becken mit heißem Wasser unter das Kinn und fing an, ihm den Bart mit den Fingern zu erweichen.

»Seltsame Vorfälle!«, sagte Pedrugo, der zumal den Neuigkeitskrämer und den Barbier spielte: – »Seltsame Vorfälle! Raub – Mord – und Begräbnis – alles in einer Nacht.«

»Holla! – Wie? Was sagt Ihr da?«, rief der Alcalde.

»Ich sage«, versetzte der Barbier und rieb dem Würdenträger ein Stück Seife über die Nase und den Mund, denn ein spanischer Barbier verachtet es, einen Pinsel zu brauchen – »ich sage, Peregil der Gallego hat einen maurischen Muselmann in dieser gebenedeiten Nacht beraubt, gemordet und begraben. Maldita sea la noche – verflucht sei die Nacht!«

»Aber wie habt Ihr das alles erfahren?«, fragte der Alcalde.

»Habt Geduld, Señor, und Ihr sollt alles hören«, erwiderte Pedrillo, nahm ihn bei der Nase und ließ das Rasiermesser

---

* Spanische Amtsbezeichnung für den Bürgermeister einer Stadt.

über seine Wange gleiten. Er erzählte dann alles, was er gesehen hatte und machte beide Operationen zu gleicher Zeit ab, indem er ihm den Bart abkratzte, sein Kinn wusch, und ihn mit einer schmutzigen Serviette abtrocknete, während er den Moslem beraubte, mordete und begrub.

Nun begab es sich, dass der Alcalde einer der hochfahrendsten und zugleich einer der habsüchtigsten und schlechtesten Filze in ganz Granada war. Jedoch konnte nicht geleugnet werden, dass er einen hohen Wert auf die Gerechtigkeit setzte, denn er verkaufte sie nach ihrem Gewichte in Gold. Er dachte sich, der vorliegende Fall sei ein Raubmord; ohne Zweifel habe es reiche Beute dabei abgesetzt; wie war diese in die rechtmäßige Hand des Gerichts zu bringen? – denn den Verbrecher bloß zu ertappen – das hieß nur den Galgen füttern: – aber den Raub ertappen – das hieß den Richter bereichern und dies war, seiner Ansicht nach, der große Zweck der Gerechtigkeit. So dachte er und rief seinen treuesten Alguazil* – einen ausgetrockneten, hungrig aussehenden Schurken, nach der Sitte seines Standes in die altspanische Tracht gekleidet, einen breiten schwarzen Hut nach allen Seiten aufgestülpt; ein sauberer Kragen; ein kleiner schwarzer Mantel von den Schultern flatternd; alte schwarze Unterkleider, welche seine schwache, drähterne Gestalt noch mehr hervorhoben, während er in seiner Hand einen dünnen weißen Stab trug, das gefürchtete Abzeichen seines Amtes. Der Art war der gesetzliche Spürhund, von der alten spanischen Zucht, den er auf die Spuren des unglücklichen Wasserträgers hetzte; und der Art war seine Eile und Zuversicht,

* Gerichtsdiener

dass er dem armen Peregil auf den Fersen war, ehe er noch sein Haus erreichte, und ihn und seinen Esel vor den Spender der Gerechtigkeit brachte.

Der Alcalde warf einen seiner fürchterlichsten Blicke auf ihn. »Hörst du, Verbrecher!«, brüllte er in einem Ton, dass dem armen Gallego die Knie aneinander klapperten. – »Hörst du, Verbrecher, du brauchst deine Schuld nicht zu leugnen, ich weiß bereits alles. Ein Galgen ist der beste Lohn für das Verbrechen, das du begangen hast; aber ich bin mitleidig und lass gern mit mir reden. Der Mann, den du in deinem Haus ermordet hast, war ein Maure, ein Ungläubiger, ein Feind unserer Religion. Ohne Zweifel hast du ihn in einem Anfall religiösen Eifers tot geschlagen. Ich will daher nachsüchtiger sein; gib die Habe heraus, welche du ihm genommen hast und wir wollen die Sache vertuschen.«

Der arme Wasserträger rief alle Heiligen als Zeugen seiner Unschuld an; aber ach, keiner von ihnen kam; und wenn sie gekommen wären, der Alcalde hätte alle Heiligen des Kalenders Lügen gestraft. Der Wasserträger erzählte die ganze Geschichte von dem sterbenden Mauren mit der ungeschmückten Einfachheit der Wahrheit; aber alles war umsonst. »Wirst du darauf bestehen«, fragte der Richter, »dass dieser Moslem weder Gold noch Juwelen hatte, welche ein Gegenstand deiner Habgier waren?«

»So gewiss ich selig zu werden hoffe, Euer Gnaden«, versetzte der Wasserträger: »er hatte nichts als eine kleine Kapsel von Sandelholz, die er mir als Lohn für meine Dienste vermachte.«

»Eine Kapsel von Sandelholz? Eine Kapsel von Sandelholz?«, rief der Alcalde und seine Augen funkelten bei den Gedanken an Edelsteine. »Und wo ist diese Kapsel? wo hast du sie versteckt?«

»Euer Gnaden zu dienen«, sagte der Wasserträger, »sie ist in einem der Körbe meines Esels und steht Euer Gnaden herzlich gern zu Diensten.«

Er hatte diese Worte kaum gesprochen, so schoss der treffliche Alguazil schon fort und erschien in einem Augenblick wieder mit der geheimnisvollen Kapsel von Sandelholz. Der Alcalde öffnete sie mit hastiger und zitternder Hand; alles drängte sich herzu, um die Schätze zu sehen, welche sie, wie man hoffte, enthielt, als, zu ihrem Missmut, sich nichts als eine Pergamentrolle mit arabischen Buchstaben bedeckt, und ein Stück von einer Wachskerze zeigte.

Wenn nichts durch die Überführung eines Gefangenen zu gewinnen ist, so ist die Gerechtigkeit, in Spanien sogar, manchmal unparteiisch. Als sich der Alcalde von seinem Verdruss erholt hatte, und sah, dass wirklich nichts Namhaftes in der Kapsel war, hörte er leidenschaftslos auf die Auseinandersetzung des Wasserträgers, welche durch das Zeugnis seiner Frau bekräftigt ward. So von seiner Unschuld überzeugt, entließ er ihn aus seiner Haft; ja, er erlaubte ihm sogar, sein maurisches Vermächtnis, die Kapsel von Sandelholz und deren Inhalt als wohlverdienten Lohn für seine Dienste mit nach Hause zu nehmen; aber den Esel behielt er an Geldes statt für Kosten und Gebühren.

Da war denn der unglückliche kleine Gallego wieder in die Notwendigkeit versetzt, sein eigner Wasserträger zu werden und mit einem großen irdenen Krug auf seiner Schulter zu dem Brunnen der Alhambra herauf zu keichen.

Wenn er sich in der Hitze eines Sommernachmittags die Höhe heraufarbeitete, verließ ihn seine gewöhnliche gute Laune. »Verdammter Alcalde!«, rief er dann wohl aus: »der einem armen Mann die Mittel seines Unterhalts, den besten Freund raubte, den er auf der Welt hatte.« Und dann brach, bei der Erinnerung an den geliebten Gefährten seiner Mühen, die ganze Zärtlichkeit seines Wesens hervor. »Ach, Esel meines Herzens!«, rief er aus, indem er seinen Krug auf einen Stein stellte und sich den Schweiß von der Stirne wischte – »ach, Esel meines Herzens! Ich weiß es gewiss, du denkst an deinen alten Herrn! Ich weiß es gewiss, du vermissest die Wasserkrüge – armes Tier!«

Um seinen Kummer zu vermehren empfing ihn seine Frau, wenn er nach Hause kam, mit Murren und Greinen; sie hatte nun offenbar den Vorteil über ihn, denn sie hatte ihn gewarnt, die edle Handlung der Gastfreundschaft, welche all dieses Unheil über sie brachte, nicht zu üben; und als eine kluge Frau nahm sie jede Gelegenheit wahr, ihm ihren überlegeneren Scharfsinn vorzuhalten. Wenn ihre Kinder kein Brot hatten oder ein neues Kleid brauchten, sagte sie wohl höhnisch – »geht zu eurem Vater – er ist der Erbe des Königs Chico von der Alhambra – sagt ihm, er solle euch mit der Büchse des Mauren helfen.«

Wurde je ein armer Erdenmensch so arg gestraft, weil er eine gute Tat vollbracht hatte? Der unglückliche Peregil war an Leib und Seele niedergeschlagen, dennoch ertrug er den Hohn seiner Frau mit Gelassenheit. Endlich aber, eines Abends, als er nach saurer Tagesarbeit heimkehrte, und sie ihn wieder in der gewöhnlichen Weise aushöhnte, verlor er alle Geduld. Er wagte es nicht, sie es entgelten zu lassen, aber sein Auge ruhte auf der Kapsel von Sandelholz, die mit halb offenem Deckel, als spotte sie über seine Not, auf einem Brett lag. Er ergriff sie und warf sie zornig auf den Boden. »Verflucht der Tag«, rief er, »an welchem ich dich zuerst erblickte und deinen Besitzer unter meinem Dach aufnahm!«

Als das Kistchen auf den Boden fiel, öffnete sich der Deckel weit und die Pergamentrolle fiel heraus. Peregil betrachtete die Rolle eine Zeit lang in düsterem Schweigen. Endlich sammelte er seine Gedanken – »wer weiß«, dachte er, »vielleicht ist diese Schrift nicht unwichtig, da der Maure sie so sorgfältig bewahrte?« Er nahm sie daher und steckte sie an seine Brust; und als er am nächsten Morgen Wasser in den Straßen ausrief, blieb er an dem Laden eines Mauren stehen, eines Eingebornen von Tangier, der Wohlgerüche und andere Kleinigkeiten verkaufte, und bat ihn, ihm den Inhalt zu erklären.

Der Maure las die Rolle aufmerksam, strich dann den Bart und lächelte. »Diese Handschrift«, sagte er, »enthält eine Zauberformel, um verborgene Schätze, welche gebannt liegen, aufzufinden. Es heißt, sie habe eine solche Kraft, dass die stärksten Riegel und Bande, ja selbst Demantfelsen ihr weichen müssen.«

»Pah«, sagte der kleine Gallego, »was nützt mir das alles? Ich bin kein Beschwörer und weiß nichts von begrabenen Schätzen.« Bei diesen Worten nahm er seinen Wasserkrug auf die Schulter, ließ die Rolle in den Händen des Mauren und machte seine gewöhnliche Runde.

Als er aber am Abend in der Dämmerstunde an dem Brunnen der Alhambra ausruhte, fand er eine Gesellschaft von Plaudertaschen versammelt, deren Unterhaltung, wie das in diesen abendlichen Stunden nicht ungewöhnlich ist, sich um alte Märchen und Sagen von übernatürlichen Ereignissen drehte. Da sie alle arm wie Ratten waren, verweilten sie mit Vorliebe bei dem vielbeliebten Stoff – bei bezauberten Schätzen, welche die Mauren in verschiedenen Teilen der Alhambra zurückgelassen. Vor allem stimmten sie in dem Glauben überein, es lägen tief in der Erde unter dem Turm der sieben Stockwerke große Schätze verborgen.

Diese Geschichten machten einen ungewöhnlichen Eindruck auf den Geist des guten Peregil und senkten sich tiefer und tiefer in seine Gedanken, als er durch die dunklen Pfade einsam zurückkehrte. »Wenn denn doch wirklich ein Schatz unter diesem Turm begraben läge – und wenn die Rolle, die ich bei dem Mauren gelassen habe, mich in den Stand setzte, sie zu heben!« In der plötzlichen Verzückung dieses Gedankens hätte er beinahe seinen Wasserkrug fallen lassen.

Er wälzte sich diese Nacht ruhelos in seinem Bett und konnte vor all den Gedanken, die sein Gehirn umtrieben, nicht einen Augenblick schlafen. Mit dem frühen Morgen eilte er in die Bude des Mauren und erzählte ihm alles, was ihm in dem Kopf herumgegangen war. »Ihr könnt Arabisch lesen«, sagte er: »lasst uns miteinander in den Turm gehen und die Wirkung der Zauberformel versuchen; schlägt es fehl, so sind wir nicht schlimmer daran, als vorher; gelingt es, so teilen wir den ganzen Schatz, den wir finden, in gleiche Teile.«

»Halt«, versetzte der Moslem, »die Schrift allein reicht nicht hin; sie muss um Mitternacht, bei dem Licht einer Kerze gelesen werden, welche auf besondere Art zusammengesetzt und hergerichtet, und wozu das Erforderliche nicht in meinem Bereich ist. Ohne diese Kerze ist die Rolle von keinem Nutzen.«

»Kein Wort mehr!«, rief der kleine Gallego, »ich habe eine solche Kerze zur Hand und werde sie den Augenblick herbringen.« Damit eilte er nach Haus, und kam bald mit dem Ende der gelben Wachskerze zurück, die er in der Kapsel gefunden hatte.

Der Maure fühlte und roch daran. »Hier sind seltene und kostbare Wohlgerüche mit diesem gelben Wachs verbunden«, sagte er. »Dies ist die Art Kerze, wie sie in der Rolle bezeichnet ist. So lange sie brennt, werden die stärksten Mauern und geheimsten Höhlen offenbleiben. Aber wehe dem, der wartet, bis sie verloschen ist. Er bleibt verzaubert bei dem Schatz.«

Sie kamen nun überein, den Zauber noch in derselben Nacht zu versuchen. Als daher in später Stunde sich nichts mehr regte, als Eulen und Fledermäuse, bestiegen sie die waldbewachsene Anhöhe der Alhambra und näherten sich dem schauerlichen Turm, der von Bäumen umbuscht und durch so viele Sagen furchtbar gemacht worden ist. Bei dem Licht einer Laterne tappten sie sich durch Büsche und über Steine zum Tor eines Gewölbes unter dem Turm fort. Mit Furcht und Zittern stiegen sie eine in den Felsen gehauene Treppe hinab. Sie führte zu einer leeren, feuchten und öden Kammer, aus welcher eine zweite Treppe in ein tieferes Gewölbe ging. Auf diese Art stiegen sie vier verschiedene Treppen hinab, welche in ebenso viele Gewölbe, eines unter dem andern, führten; aber der Boden des vierten war fest; und obgleich der Sage nach noch drei Gewölbe tiefer unten waren, so war es doch, wie man behauptete, unmöglich, weiter einzudringen, da ein starker Zauber diese untere Teile verschloss. Die Luft dieses Gewölbes war feucht und kalt, und roch nach Erde und das Licht verbreitete nur einen schwachen Strahl. In atemloser Ungewissheit standen sie eine Zeit lang hier, bis sie die Glocke des Wachtturms schwach zwölf schlagen hörten; nun zündeten sie die Wachskerze an, welche einen Geruch von Myrrhe, Weihrauch und Storax verbreitete.

Der Maure begann schnell zu lesen. Er hatte kaum geendigt, als ein Geräusch wie unterirdischer Donner entstand. Die Erde bebte, der Boden tat sich auf, und zeigte eine Treppe. Zitternd und bebend stiegen sie hinab, und sahen sich bei dem Licht der Laterne in einem anderen mit arabischen Inschriften bedeckten Gewölbe. In der Mitte stand eine große Kiste, welche mit sieben Stahlbanden befestigt war, und an deren Enden zwei bezauberte Mauren in voller Rüstung aber regungslos wie eine Statue saßen, denn sie waren in der Gewalt des Banns. Vor der Kiste standen mehrere mit Gold und Silber und Edelsteinen gefüllte Krüge. In den größten derselben steckten sie ihre Arme bis zum Ellbogen und holten sich mit jedem Griff händevoll breite gelbe Stücke maurischen Golds, oder Spangen und Schmuck desselben kostbaren Metalls, während manchmal ein Halsband von orientalischen Perlen sich an ihre Finger hängte. Stets bebten und atmeten sie fieberartig, während sie ihre Taschen mit der Beute füllten; und manchen furchtsamen Blick warfen sie auf die bezauberten Mauren, die bewegungslos und grimmig da saßen, und sie mit starren Augen ansahen. Endlich fasste sie bei einem eingebildeten Geräusch ein panischer Schrecken und sie stürzten beide, einer über den andern stolpernd, die Treppe hinauf, in das obere Gemach, warfen die Wachskerze um, und verlöschten sie, und der Boden schloss sich wieder mit einem donnernden Schall.

Von Furcht erfüllt standen sie nicht eher still, als bis sie sich aus dem Turm herausgetappt hatten, und die Sterne durch die Bäume glänzen sahen. Jetzt setzten sie sich auf das Grab, und teilten den Fund, entschlossen, für jetzt mit dieser bloßen oberflächlichen Untersuchung der Krüge sich begnügen zu wollen, aber in einer künftigen Nacht wiederzukommen, und sie bis auf den Grund zu leeren. Damit einer des andern sicher wäre, teilten sie die Zaubermittel unter sich; der eine behielt die Rolle, der andere die Kerze; als dies getan war, brachen sie mit leichten Herzen und wohlgespickten Taschen nach Granada auf.

Als sie den Hügel hinabstiegen, flüsterte der verschlagene Maure dem einfachen kleinen Wasserträger ein Wort des Rates zu.

»Freund Peregil«, sagte er, »dieser ganze Handel muss ein tiefes Geheimnis bleiben, bis wir uns den ganzen Schatz zugeeignet, und ihn in gute Verwahrung gebracht haben. Wenn der Alcalde auch nur eine Silbe davon erfährt, sind wir verloren.«

»Gewiss«, versetzte der Gallego, »nichts kann wahrer sein.«

»Freund Peregil«, sagte der Maure, »du bist ein kluger Mann, und wirst gewiss ein Geheimnis für dich behalten können; aber du hast eine Frau.«

»Kein Wort soll sie davon erfahren«, erwiderte der Wasserträger barsch.

»Genug«, sagte der Maure; »ich verlasse mich auf deine Klugheit und dein Wort.«

Nie war ein Wort bestimmter und redlicher gegeben worden; welcher Mann kann aber vor seiner Frau ein Geheimnis behalten? Gewiss keiner, wie Peregil, der Wasserträger, der einer der liebevollsten und gutmütigsten Ehemänner war. Als er nach Hause kam, fand er seine Frau, die gedankenvoll in einem Winkel saß. »Ganz recht«, rief sie, als er eintrat; »endlich bist du da, nachdem du bis in diese Stunde der Nacht umherschwärmtest. Mich wundert, dass du nicht wieder einen Mauren als Hausgenossen heimgebracht hast.« Darauf brach sie in Tränen aus, rang ihre Hände, und schlug sich die Brust. »Unglückliche Frau, die ich bin«, rief sie, »was soll aus mir werden? Mein Haus von Advokaten und Alguazils beraubt und geplündert; mein Mann ein Taugenichts, der kein Brot mehr für seine Familie heimbringt, sondern mit ungläubigen Mauren Tag und Nacht herumstreicht? O meine Kinder! Meine Kinder! Was wird aus uns werden? Wir werden alle in den Straßen betteln gehen müssen!«

Der ehrliche Peregil ward durch den Gram seiner Frau so gerührt, dass er sich nicht enthalten konnte, auch zu schluchzen. Sein Herz war so voll wie seine Tasche, und musste sich ausschütten. Er steckte seine Hand in die letztere, tat drei oder vier dicke Goldstücke heraus, und ließ sie in ihren Busen gleiten. Die arme Frau war starr vor Staunen, und wusste nicht, was dieser goldene Regen bedeuten sollte. Ehe sie sich von ihrem Staunen erholen konnte, zog der kleine Gallego eine goldene Kette hervor, und ließ sie vor ihr baumeln, während er vor Freude sprang, und den Mund von einem Ohr zum andern aufriss.

»Die heilige Jungfrau schirme uns!«, rief die Frau. »Was

hast du getan, Peregil? Du hast doch nicht Raub und Mord begangen?«

Dieser Gedanke war der armen Frau kaum durch den Kopf geflogen, so war er auch schon Gewissheit bei ihr. Sie sah schon einen Kerker und einen Galgen vor sich, und einen kleinen krummbeinigen Gallego, der an demselben aufgehängt war; und von den durch ihre Fantasie heraufbeschworenen Schauern überwältigt, verfiel sie in Krämpfe.

Was sollte der arme Mann tun? Er hatte kein anderes Mittel, seine Frau zu beruhigen, und die Trugbilder ihrer Fantasie zu verscheuchen, als dass er ihr die ganze Geschichte seines Glücks erzählte. Er tat dies jedoch nicht eher, als bis er ihr das feierliche Versprechen abgedrungen hatte, keinem lebenden Wesen ein Wort von der ganzen Sache zu erzählen.

Es würde unmöglich sein, ihre Freude zu beschreiben. Sie schlang ihre Arme um den Hals ihres Gatten, und erstickte ihn bald mit ihren Liebkosungen. »Jetzt, Frau«, rief der kleine Mann mit offener Freude, »was sagst du jetzt zu dem Vermächtnis des Mauren! Fortan schilt mich nicht mehr, wenn ich einem unglücklichen Mitmenschen beistehe!«

Der ehrliche Gallego legte sich auf seine Schafpelzmatte, und schlief so gesund, wie auf einem Flaumbett. Nicht so seine Frau! Sie schüttelte den ganzen Inhalt seiner Taschen auf die Matte, und zählte die ganze Nacht Goldstücke von arabischem Gepräge, probierte Halsbänder und Ohrringe, und dachte, wie sie eines Tages aussehen würde, wenn sie sich ihrer Schätze erfreuen dürfte.

Am nächsten Morgen nahm der ehrliche Gallego ein dickes Goldstück, und ging damit in die Bude eines Juwelenhändlers auf dem Zacatin, um es zum Kauf anzubieten, indem er vorgab, er habe es in den Trümmern der Alhambra gefunden. Der Juwelier sah, dass es eine arabische Umschrift hatte, und von reinstem Gold war; er bot aber nur den dritten Teil des Werts, womit der Wasserträger vollkommen zufrieden war. Peregil kaufte jetzt neue Kleider für seine kleine Herde, sowie alle Arten von Spielsachen, und reichen Vorrat für ein tüchtiges Mahl, worauf er heimkehrte, und alle seine Kinder um sich her tanzen ließ, während er, der glücklichste Vater, in ihrer Mitte hüpfte!

Die Frau des Wasserträgers hielt ihr Versprechen zu schweigen, mit erstaunlicher Pünktlichkeit. Anderthalb Tage ging sie mit geheimnisvollem Blick und einem Herzen, das zum Bersten voll war, umher, aber sie schwieg, obgleich sie von ihren Gevatterinnen umgeben war. Es ist wahr, sie konnte es nicht verwinden, sich etwas Ansehen zu geben, entschuldigte ihre zerrissenen Kleider, sprach von dem Bestellen eine Basquinna, besetzt mit goldenen Borten und Korallen und einer neuen Spitzen-Mantilla. Sie ließ auch Winke von der Absicht ihres Mannes fallen, sein Gewerbe als Wasserträger aufgeben zu wollen, da es nicht mehr ganz zu seinen Gesundheitsumständen passe. Sie glaubte wirklich, sie würden sich alle den Sommer auf das Land zurückziehen, wo die Kinder die Bergluft genießen könnten, denn es sei unmöglich, in der heißen Jahreszeit die Stadt zu bewohnen.

Die Nachbarinnen starrten einander an, und glaubten, die arme Frau habe ihren Verstand verloren; und ihr aufgeblasenes Wesen, ihr Schöntun und ihre vornehmen Ansprüche waren der allgemeine Gegenstand des Spotts und der Belustigung ihrer Freundinnen, sobald sie ihnen den Rücken gewendet hatte.

Wenn sie jedoch draußen zurückhaltend war, so entschädigte sie sich zu Haus, und legte eine Schnur reicher orientalischer Perlen um ihren Hals, maurische Spangen um ihre Arme, und einen Schmuck von Diamanten um ihre Haare, und segelte in der Stube rückwärts und vorwärts in ihren schlumprigen Fetzen, und stand dann und wann still, um sich in einem Stück zerbrochenen Spiegelglases zu betrachten. Ja, in dem Drang ihrer albernen Eitelkeit konnte sie einmal nicht widerstehen, sich an dem Fenster zu zeigen, um sich des Eindrucks ihres Putzes auf die Vorübergehenden zu erfreuen.

Das Unglück wollte aber, dass Pedrillo Pedrugo, der zudringliche Barbier, in diesem Augenblicke müßig in seiner Bude auf der entgegengesetzten Seite der Straße saß, als das Funkeln eines Diamanten sein Auge traf. Augenblicks war er an seiner Luge, und sah die schlumperige Frau des Wasserträgers in der Pracht einer morgenländischen Braut herausgeputzt. Er hatte nicht sobald ein genaues Verzeichnis ihres Schmucks aufgenommen, so flog er auch schon in aller Hast zu dem Alcalde. Nach einer kleinen Weile war der hungrige Alguazil wieder auf der Spur; und ehe der Tag vorüber war, wurde der unglückliche Peregil wieder vor den Richter geschleppt.

»Wie ist's, Schurke!«, rief der Alcalde mit einer fürchterlichen Stimme. »Du sagtest mir, der in deinem Hause verstorbene Ungläubige habe nichts als ein leeres Kistchen hinterlassen, und jetzt höre ich, deine Frau stolziere in ihren Lumpen herum, mit Perlen und Diamanten geschmückt. Elender, der du bist! Bereite dich, die Beute deines unglücklichen Opfers herauszugeben, und an dem Galgen zu baumeln, der bereits müde ist, länger auf dich zu warten.«

Der erschrockene Wasserträger fiel auf seine Knie, und gab eine vollständige Erzählung von der wunderbaren Art, auf welche er zu seinem Reichtum gekommen war. Der Alcalde, der Alguazil und der neugierige Barbier lauschten mit offenen Ohren auf dieses arabische Märchen von bezauberten Schätzen. Der Alguazil wurde abgeschickt, den Mauren herzubringen, der bei der Beschwörung zugegen gewesen. Der Moslem trat ein, halb außer sich vor Schrecken, sich in den Händen der Harpyien der Gerechtigkeit zu sehen. Als er den Wasserträger mit seinen Schafsaugen und den niedergeschlagenen Mienen dastehen sah, begriff er alles. »Elendes Tier«, sagte er, als er an ihm vorüber ging, »habe ich dich nicht vor dem Plaudern deiner Frau gewarnt?«

Die Geschichte des Mauren stimmte genau zu der seines Genossen; aber der Alcalde stellte sich hartgläubig, und drohte mit Gefängnis und strenger Untersuchung.

»Langsam, guter Señor Alcalde«, sagte der Muselmann, der unterdessen seine gewöhnliche Verschlagenheit und Selbstbeherrschung wieder erlangt hatte. »Lasst uns die Gaben des Glücks nicht durch Streit um sie vergeuden. Niemand weiß von dieser Sache etwas als wir – bewahren wir das Geheimnis. Es sind Schätze genug in der Höhle, uns alle zu bereichern. Versprecht eine gewissenhafte Teilung, und alles soll bekannt werden – verweigert sie, und die Höhle wird für immer geschlossen bleiben.«

Der Alcalde beriet sich heimlich mit dem Alguazil. Der letztere war ein alter Fuchs in seinem Gewerbe. »Versprecht alles«, sagte er, »bis ihr im Besitz des Schatzes seid. Ihr könnt dann das Ganze nehmen; und wenn er und sein Mitfrevler zu murren wagen, so droht ihnen mit dem Scheiterhaufen und dem Pfahl als Ungläubige und Hexenmeister.«

Dem Alcalde gefiel der Rat. Er glättete seine Stirne und sagte, zu dem Mauren gewendet: »Diese Geschichte ist wunderbar, und mag wahr sein – aber ich muss mich mit eignen Augen davon überzeugen. Noch in dieser Nacht müsst ihr die Beschwörung in meiner Gegenwart wiederholen. Wenn wirklich ein solcher Schatz da ist, wollen wir ihn freundschaftlich unter uns teilen, und nicht ferner von der Sache sprechen; habt ihr mich aber getäuscht, so erwartet von mir keine Gnade. Mittlerweile müsst ihr im Gefängnis bleiben.«

Der Maure und der Wasserträger stimmten diesen Bedingungen freudig bei, zufrieden, dass der Ausgang die Wahrheit ihrer Worte bewähren würde.

Gegen Mitternacht machte sich der Alcalde, begleitet von dem Alguazil und dem zutunlichen Barbier, alle gut bewaffnet, in aller Stille auf den Weg. Sie führten den Mauren und den Wasserträger als Gefangene, und hatten sich den starken Esel des letzteren noch zugesellt, um ihm den gehofften Schatz aufzubürden. Ohne bemerkt zu werden, kamen sie an den Turm, banden den Esel an einen Feigenbaum, und stiegen in das vierte Gewölbe des Turms hinab.

Die Rolle wurde hervorgeholt, die gelbe Wachskerze angezündet, und der Maure las die Beschwörungsformel. Die Erde bebte wie früher, der Boden öffnete sich mit einem donnernden Schall, und die schmale Treppe ward sichtbar. Der Alcalde, der Alguazil und der Barbier waren schreckensbleich, und konnten nicht so viel Mut finden, hinabzusteigen. Der Maure und der Wasserträger traten in das untere Gewölbe, und fanden die zwei Mauren stumm und regungslos, wie früher, dasitzen. Sie hoben zwei große mit Goldmünzen und kostbaren Steinen gefüllte Gefäße weg. Der Wasserträger schleppte sie, einen nach dem anderen, auf seinen Schultern hinauf; obgleich er aber ein sehniger kleiner Mann, und an das Tragen von Lasten gewöhnt war, wankte er doch unter ihrem Gewicht, und fand, als er sie auf den beiden Seiten seines Esels befestigt hatte, dass sie so viel ausmachten, als sein Esel nur tragen konnte.

»Lasst uns für jetzt zufrieden sein,« sagte der Maure, »wir haben hier so viel Kostbares, als wir ohne bemerkt zu werden, fortschaffen können, und genug, um uns alle so reich zu machen, als das Herz es nur verlangen kann.«

»Ist der Schatz noch nicht ganz in unsern Händen?«, fragte der Alcalde.

»Das Kostbarste«, sagte der Maure, »ist noch zurück – eine große mit Stahlbanden geschlossene Kiste, mit Perlen und Edelsteinen angefüllt.«

»Wir müssen diese Kiste haben, es koste, was es wolle«, rief der habsüchtige Alcalde.

»Ich werde nicht mehr hinabgehen«, sagte der Maure verdrießlich; »genug ist genug für einen Vernünftigen – mehr ist überflüssig.«

»Und ich«, sagte der Wasserträger, »werde keine Last mehr herauftragen, meines armen Esels Rücken zu brechen.«

Da der Alcalde Befehle, Drohungen und Bitten gleich vergeblich fand, wendete er sich zu seinen Getreuen. »Helft mir«, sagte er, »die Kiste heraufbringen, und ihr Inhalt soll unter uns geteilt werden.« Bei diesen Worten stieg er die Treppen hinab, und zitternd und widerstrebend folgten ihm der Alguazil und der Barbier.

Der Maure sah sie kaum in der Tiefe, so verlöschte er die gelbe Kerze; der Boden schloss sich mit dem gewöhnlichen Schall, und die drei Helden blieben im Schoß der Erde vergraben.

Er eilte jetzt die verschiedenen Treppen herauf, und holte erst Atem, als er unter freiem Himmel war. Der kleine Wasserträger folgte ihm so schnell, als es seine kurzen Beine gestatteten.

»Was hast du getan«, rief Peregil, sobald er Atem geholt hatte. »Der Alcalde und die andern zwei sind in dem Gewölbe eingeschlossen.«

»Es ist der Wille Allahs!«, sagte der Maure fromm.

»Und willst du sie nicht wieder befreien?«, fragte der Gallego.

»Gott bewahre!«, versetzte der Maure, und strich den Bart. »Es steht in dem Buch des Schicksals geschrieben, sie sollen verzaubert bleiben, bis irgendein künftiger Abenteurer den Bann bricht. Der Wille Gottes geschehe.« Mit diesen Worten schleuderte er das Ende der Wachskerze weit weg in das dunkle Dickicht des Tals.

Jetzt war nicht mehr zu helfen, und der Maure und der Wasserträger schritten daher mit dem reich beladenen Esel der Stadt zu. Der gute Peregil konnte sich nicht enthalten, seinen langohrigen Arbeitsgenossen, den er so aus den Krallen der Gerechtigkeit gerettet sah, zu streicheln und zu küssen, und es steht wirklich dahin, was dem einfachen kleinen Burschen in dem Augenblick mehr Freude machte, das Gewinnen des Schatzes oder das Wiederfinden des Esels.

Die zwei Glücksbrüder teilten ihre Beute freundschaftlich und redlich, nur dass der Maure, der einige Liebhaberei

174

an Flitterstaat hatte, es zu machen wusste, dass die Perlen, Edelsteine und anderer Tand stets auf seinen Haufen kamen; aber dann gab er dem Wasserträger immer statt der kostbaren Edelsteine gediegenes Gold, fünfmal so groß, womit der letztere herzlich zufrieden war. Sie waren bedacht, sich keinen Unannehmlichkeiten auszusetzen, sondern begaben sich in andere Länder, um sich ihres Reichtums zu erfreuen. Der Maure kehrte nach Afrika in seine Vaterstadt Tetuan zurück, und der Gallego eilte mit Frau und Kindern und seinem Esel nach Portugal. Hier wurde er unter dem Schutz und Schirm seiner Frau ein Mann von einiger Wichtigkeit; denn sie sorgte, dass der lange Körper und die kurzen Beine des würdigen kleinen Mannes mit Wams und Hosen geschmückt wurden, setzte ihm einen Federhut auf, steckte ihm ein Schwert an die Seite, und hieß ihn seinen vertraulichen Namen Peregil mit dem wohlklingender Titel Don Pedro Gil vertauschen. Seine Nachkommenschaft wuchs gedeihlich und fröhlichen Herzens heran, während Señora Gil von Kopf bis zu den Füßen befranst, bespitzt und betrottelt, an allen Fingern Ringe, das Muster einer schlumprigen Mode- und Putzdame wurde.

Was den Alcalden und seine Treuen betrifft, so blieben sie unter dem großen Turm der sieben Stockwerke vergraben und bleiben dort heute noch festgebannt. Wenn es jemals in Spanien an kupplerischen Barbieren, gaunerhaften Alguazils und bestechlichen Alcaldes fehlt, kann man sie suchen; wenn sie aber so lange mit ihrer Erlösung warten sollen, so droht ihre Bezauberung bis zum jüngsten Tag zu währen.